湛庐 CHEERS

与最聪明的人共同进化

HERE COMES EVERYBODY

[日]猪俣武范 著

王雪 译

摆脱无效忙碌的目标达成法

目標を次々に達成する人の
最強の勉強法

中国纺织出版社有限公司

达成目标的关键和技巧，你了解多少？

扫码激活这本书
获取你的专属福利

扫码获取全部测试题和答案，
一起了解如何有效实现目标

- 从降低风险的角度来说，我们最好只设立一个目标，这样我们所承担的风险就是最小的。这是对的吗？

  A. 对

  B. 错

- 如果工作日没有整块时间可用于学习提升，那么就只在周末进行高强度集中学习。这合理吗？

  A. 合理

  B. 不合理

- 即使不是非常标准的、流利又地道的英语，也可以帮助我们完成日常交流和沟通，所以我们只要把英语当作一个表达想法的工具使用它就可以。这种观点对吗？

  A. 对

  B. 错

扫描左侧二维码查看本书更多测试题

序　言

有限的时间，无限的可能

　　随着时代的飞速发展，我们已经进入全球化时代，与此同时，世界的边界越来越模糊。也就是说，即使我们身在自己的国家，也必须与全世界的人竞争。但这也意味着，每个人都有了更多的机会。**在这样的时代，为了保持竞争优势，我们既要全力以赴做好眼前的工作，也要不断学习新的技能，面向未来做好充分的准备。**

　　那我们应该如何分配时间来兼顾工作和学习呢？

　　本书主要面向那些既忙于工作又为了生活奔波的中青年，介绍在兼顾工作与学习的同时不断实现目标的思考方式，以及包括语言习得在内的具体学习方法。本书的内容源于我的个人经验以及对活跃在海外的日本精英人士的访谈。作为医生，我一直反复钻研，不断积累知识，又从零语言基础开始学习英文，实现了留学哈佛大学的目标，同时还攻读了波士顿大学商学院的工商管理硕士（MBA）。

其实，谁都可以"向世界挑战"。只要我们描绘出梦想，设定好目标，不断努力，哪怕经历失败也没关系。你一定想看看只有通过磨炼自己、挑战世界才能看到的那片风景吧！

那么我作为一名医生，是如何在承担重任的同时，前往哈佛大学留学并获得了 MBA 学位的呢？

我成长于日本茨城县一户极其普通的工薪家庭，在那里度过了和大多数人一样的童年，没有海外生活的经历。2011—2015 年的 5 年间，我作为一名医生努力完成本职工作，获得了医学博士学位，同时我去了哈佛大学医学院留学，并攻读了波士顿大学商学院 MBA，实现了看似遥不可及的目标。那时，我经常被朋友质疑"你都在什么时候学习""你都不睡觉吗"，因为看到我在进行这么多课题的同时还能挤出时间学习，他们觉得不可思议。

总的来说，我认为要想高效达成目标，就需要培养正

序　言　　有限的时间，无限的可能

确的学习态度和方法，掌握正确的学习技巧和程序，并维护好学习以外的社交，由此形成良性循环。其中，我最关注的是"明白自己想实现什么理想，以此为基础设定目标"和"确定不做什么"，这两点对我们能否最大限度地发挥出人生潜能来说至关重要。

人生只有一次，可是想要挑战和学习的东西却像大山一样，这就需要我们在有限的时间里高效学习，避免做无用功，将100%的精力集中于该做的事情，最终实现目标。

我整理了自己具体的思考方式和学习方法，通过这本书分享给大家，希望能帮助大家高效实现正在挑战的梦想。本书将会用浅显易懂的语言全面解释构建"生态学习系统"所需的精髓，如目标设定和时间管理等。对于求职的大学毕业生、追求事业发展的商界人士，以及正在努力平衡育儿、家庭和学习的人，这本书或许能成为你们挑战世界的指导方针，帮助你们以最短的时间、最近的距离赢得胜利。

许多美国人在遇到困难时，不会说"不行""太难了"这些消极的话，而会说"它充满了挑战"，这既给人一种积极向上的印象，也表露出一种"有可能成功"的希望。我希望我的读者不论是工作繁忙的商界人士，还是兼顾育儿和学习的家长，在面对困难时都能拥有这样的挑战精神，它的力量甚至会让我们超常发挥。

本书还会介绍将人生目标和使命具体化的方法，这些方法或许会成为大家做重要的决定时最关键且最有效的工具。不管你是在为了一年后的资格考试而学习，还是在做职业发展的规划、生育后的副业准备，都可以参考其中的案例和方法。

有人能通过学习收获颇丰，有人却毫无成果。我希望大家明白，这只是因为在学习与思考方式、创造力和对一些简单技能的掌握上有所不同，而非有着与生俱来的天赋差异。

总之，希望大家通过阅读本书有所收获，再结合自身的经验和努力，找到挑战世界的起点，开拓崭新的未来。

目 录

序　言　有限的时间，无限的可能

第 1 章　设定目标，找到挑战的起点　001

从目标开始逆向思考　003
制订灵活的目标　005
制订目标的 7 个方向　007
制订 10 年目标　009
定期更新简历　012
将理想和目标结合　014
赋予目标连贯性　016

目标也要"投资组合"	019
挑战多个目标	021
借鉴成功人士的经验	022

第 2 章　管理目标，从忙碌中解放自己　029

善用时间管理	031
将复利融入时间管理	033
用类选法决定优先级	034
缓解学习疲劳的 3 种方法	036
有效利用碎片时间	037
周末不安排学习	040
减少"分心"的时间	041
养成专注的习惯	044
避免多任务并行	046
把握最佳学习时间	049
借助睾酮提高专注力	050
设定最终期限	051
控制睡意	052
抵抗困倦的 3 种方法	054
保持环境整洁	057
将 10% 的时间用于探索新事物	058

目 录

第 3 章　实现目标，一边享受成功一边学习　063

将LEAN思考方式融入学习　065
将目标和任务可视化　069
通过涟漪效应提高动力　071
不过于追求完美　073
有效学习历年真题和教科书　074
不要从第一页开始做习题　077
巧用荧光笔　078
利用博客提高输出能力　079
每天跟进待办事务列表　080
使用"先进先出"原则管理待办事务　081
不要在学习上吝惜金钱　084
培养个人素养　085

第 4 章　挑战高难度目标，平衡生活、工作与学习　093

早期获得信任　095
灵活运用人脉　097
目的不是竞争，而是共同前进　099

消化大量知识		104
重视预习		107
通过发言打磨自己的意见和想法		108
享受海外留学		109
远离舒适圈		112

第5章 不断设立新目标，开拓崭新的未来　　119

成为全球化人才	121
早期就要设定好具体的目标	122
非地道英语也可以沟通	124
具体描述学习英语的目的	126
专注目标，只学必要技能	127
确保英语学习时间	129
把托福考试当作节拍器	130
战胜遗忘曲线，牢牢记住单词	132
用英语"网上冲浪"	136
利用 10-K 报告锻炼阅读能力	137
利用电影和 TED 锻炼听力	140
带着输出意识锻炼口语	142
制作英文简历	144

英语会话中切忌不懂装懂　　　　　146
用模板写英文邮件　　　　　　　　147

第6章　设定持续成长的目标，适应变化的世界　　153

利用成功体验保持动力　　　　　　155
利用先发优势　　　　　　　　　　159
超越极限，大胆尝试　　　　　　　162
一边想象着成功后的自己，一边学习　163
信守与自己的承诺　　　　　　　　164
了解不同的评价标准　　　　　　　165
为组织做贡献　　　　　　　　　　168
勿用金钱定义成功　　　　　　　　170
即使失败，也要积极思考　　　　　171

后　记　将人生过得丰富充实　　　179

第 1 章

设定目标,
找到挑战的起点

导读 摆脱无效忙碌的目标达成法

在学习和工作上取得很大成就的人，与那些没有什么成就的人之间其实有着很大的差异，而这种差异就在于学习的观念和态度。我从没见过马马虎虎、敷衍了事就取得成功的人。

正如本书将要介绍的那样，学习有可以提高效率的技巧和管理时间的方法。但是，在没有树立正确的观念和态度之前，人们即使知道了那些方法论也不会取得多大的成功。

而要树立正确的学习观念和态度，最重要的是你首先应该设立好人生的目标和任务，然后想清楚几个问题：为了达成目标和任务，学习有什么意义？必要性是什么？如果能设立好人生的目标，你就可以从目标逆推，专注地思考现在应该做的事情，从而清晰地认识到对你来说什么是必要的，什么是不必要的。

那么，请大家先设立好目标，明确自己学习的原因和目的吧！

第1章　设定目标，找到挑战的起点

从目标开始逆向思考

各位读者，你们肯定都对未来有一个目标，并期待着自己的成长。但或许也有一些人因为找不到自己的价值和目标而烦恼，觉得不管自己工作多么努力，依旧漂泊不定。

那是因为你还没有花足够的时间去考虑清楚人生的方向，没有设定一个明确的目标。无论是学习深造还是职业规划，设定目标都是最重要的环节。**只有设定了目标，我们才能够维持动力、落实行动，并在未来实现理想。**当然，设定的目标要明确而具体。

首先，目标要明确化。无论是最高水平的运动员还是成功的商界人士，他们都会在专业领域及其他方面设定非常明确的目标。目标明确化既会给我们带来长期的愿景，也会为我们提供短期的动力。更进一步的目标设定和管理，能让我们在有限的时间里全身心投入到想实现的事情中。

其次，目标要具体化。尽量使目标详细、具体，这样既可以帮助我们真切感受到自己的进步，也能够测定目标的完成度。设定目标并进行自我评估，这和在医院检查身体时测量生命体征的作用是一样的。生命体征是表明人活着的基本信息，主要有血压、脉搏、呼吸频率、体温等。测量生命体征是了解身体状态的必要条件，同样，将目标具体化，然后进行测定，也是实现目标管理的必要条件。

在长期的学习过程中，我们有时会忽视自己的进步。这时，用详细的指标衡量目标的完成度，就能帮我们感受到进步，进而树立自信心，最终实现长期愿景。

我们在使用汽车导航系统或手机地图导航时，输入所在地和目的地后，导航就可以为我们规划出距离最短的路线。但是，如果没有明确的目的地，我们就会浪费大量的时间，也不能向着目标方向进行有效输出，推动准备工作。

设定目标不要局限于眼下的学习目标，而要明确自己的人生方向。确定自己真正想要实现的事情，弄清楚应该把精力放在哪些重要的事情上，这样我们就可以避免在不必要的事情上浪费时间。

总之，决定你进步速度的是设定目标的方法。

制订灵活的目标

很多人因为不知道自己的未来会是怎样的，所以无法设定学习目标。确实，我们没有人能想象出 5 年、10 年后的自己，但也正因如此，我们才需要灵活、有策略地设定目标，并以目标为方向坚持学习。

那么，如何在未来不确定的情况下设定目标呢？那就要凭借感觉设想 5 年后甚至 10 年后的自己，即便粗略也没有关系，因为目标是不断变化的，没有必要全盘预测。

我推荐大家参照 SMART GOAL（智慧目标）框架来设定目标。SMART 指的是具体的（specific）、可测量的（measurable）、可实现的（achievable）、现实的（realistic）、有时间限定的（time-bound）。如果你设定的目标符合这 5 条标准，那么这个目标会非常明确。

下面分别列举一般目标和智慧目标。

> **一般目标**
>
> - 为成为国际化人才而学习英语。
> - 为出人头地考取职业资格证书。
> - 为提升修养多读书。

> **智慧目标**
>
> - 为 2017 年托福成绩能达到 100 分,每天背 20 页英语单词。
> - 为 7 年后能独立生活并在 2020 年前获得 MBA 学位,每个月学习 30 页备考书。
> - 为提升素养,每周读 2 本书。

根据上文的对比,我们就能明白一般目标和智慧目标的不同了。符合智慧目标框架的目标是具体的、数值可测量的,目标本身还是可实现的、符合现实的,同时目标的完成又有着时间限定。

智慧目标不是像"我将来要成为社长"这样抽象的目标，而是像"2015年9月我要去哈佛大学留学"这样明确又强有力的目标，这一点非常重要。当然，也不要忘记目标一定是"努力准备后能够实现"的目标，而不是那些根本不可能实现、从一开始就没有意义的目标。

希望大家在设定学习目标的时候，能有意识地按照以上5条标准来设定智慧目标。

制订目标的7个方向

人生目标是我们做各种决策的核心，所以我们在设定目标时最重要的就是要知道"我这一生要实现什么理想"。然而，直接设定一个全面、宏大的人生目标是很难的。我们可以从以下7个方向去分别设定目标，每一个方向至少设定一个具体目标。

- 工作。
- 家庭。
- 经济。
- 健康。

- 教育（自我投资）。
- 兴趣。
- 其他（志愿者活动等）。

如何设定一个具体的目标呢？我建议大家自己进行头脑风暴，这样你的大脑中会浮现出成为你根基的创造性想法。

头脑风暴（brainstorming）是亚历克斯·F. 奥斯本（Alex Faickney Osborn）于1953年在其著作《应用想象力》（*Applied Imagination*）中提出的一种会议方式。brain意为"大脑"，storming是"风暴气势猛烈"的意思。起初头脑风暴是一种帮助人们涌现想法的方法；后来，这一方法得到改良，发展成"在一个集体中，大家一起思考，然后相互激发思维，从而解决问题"的方法。

虽然头脑风暴通常在小组中进行，但一个人也可以进行。有研究表明，与在集体中进行头脑风暴相比，个人头脑风暴能产生更多的想法。这是因为在集体头脑风暴时，我们会过于在意别人的眼光，会担心别人的批评，所以可能会失去创造性，而进行个人头脑风暴就不需要在意他人的意见了。

下面介绍通过个人头脑风暴设定目标的方法。

首先，要调整环境。在日程安排中加入头脑风暴的时间，准备好让自己感到舒适的桌椅。为了不分心，从一开始就要规划好时间，集中精力进行头脑风暴。其次，把目标按照预期写在纸上。比如，设定的时间是 30 分钟，提前拟定好的目标是 100 个，就按照 30 分钟 100 个想法的预期进行头脑风暴。有可能你一开始没有想法，30 分钟无法完成，但是在反复练习之后，你一定能做到马上想出 100 个。

分析通过个人头脑风暴产生的想法，把它们分别归类到上文所列的 7 个方面，再对重复、不必要的想法进行取舍，这样你就可以确定自己真正需要的目标是什么。

制订 10 年目标

除了从 7 个方面设定目标外，我还推荐大家设定 10 年目标，因为 10 年正好是可以划分为长期（10 年）、中期（5 年）、短期（1 年）的时间段。设定好 10 年目标以后，再去细分中期、短期的目标。

就像通过在电脑上创建文件夹对文档进行分类一样，

可以先把目标分级，然后将目标融入我们每天的日常生活中，一级一级地实现。随着细分目标的实现，我们可以更新目标文件的名称。

比如，在工作领域，我设定了一个"5年后拿到海外MBA学位"的目标，然后就由远及近地设定了"3年后托福考取100分""明年之前托福考到80分"等阶段性目标。那为了考取80分又该怎么做呢？就要在每天的小进步中调整计划，这样可以提高我们每天的学习动力，随着时间的积累就会收获丰硕的成果。

将目标记在手账本上随时翻阅

目标是一种战略，也是一种路线。为了收获丰硕的成果，我们要设定可执行的目标，营造可持续努力的环境，并从最终目标开始倒推，写下需要做的事情。比如，我会在每年的新年和6月时回顾半年前设定的目标，评估短期成就，同时再次设定短期、中期和长期目标。

我们可以用智能手机上的任务和日程安排类软件记录每日和每周的目标，但对于1年以上的目标，我更推荐用笔将它们写在手账本上。这是因为手账本更方便回顾确认，我们在书写的时候也会更谨慎、郑重。

这样的手账本会记录我们的一生。我很喜欢用优质皮革制作的、设计经典的同系列手账本。因为同系列手账本规格不变，活页手账在添加纸张时很方便，而且我不喜欢手账本的设计每年都大不相同。

如图1-1中的记录，我设定了短期（1~2年）、中期（5年）、长期（10年及以上）的目标。类别有工作、家庭、经济、健康、教育（自我投资）、兴趣、其他（志愿者活动等），不属于前6个方面的内容都归入"其他"一栏中。我每年都会设定目标，一般在新年时添加到手账本中。

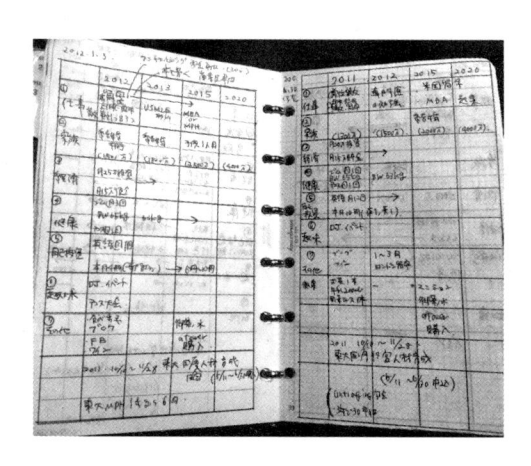

图1-1 记在手账本上的短期、中期和长期目标

公开目标

我建议大家将设定好的目标分享给团队成员或者家人,这样可以发生连锁反应,也有助于增强我们的动力。

我尝试在社交平台上公开自己的目标,大家也可以将目标写在新年贺卡或新年邮件里。公开目标可以使目标变得可视化,可以创造出"大家都知道我在朝着这个目标迈进"的环境,在我们落实目标后还可以收获"他是一个有执行力的人"的好评。

每个人都希望被周围的人褒奖,美国心理学家弗雷德里克·赫茨伯格(Frederick Herzberg)的研究也表明,来自周围人的好评可以产生良好的动力。所以,通过公开目标,我们可以增强自己继续努力的动力。

定期更新简历

确定好 10 年目标并写在手账本上,每年两次(比如新年和年中)对目标进行回顾和评估。此外,为了衡量目标的完成度,我还推荐"定期更新简历"这个方法,具体而言,可以每 3 个月更新一次简历。

第 1 章　设定目标，找到挑战的起点

大家在初次求职或换工作的时候，肯定都写过简历吧。在写简历的时候，我们要有这样的意识：简历并不是工作经历的简单罗列，而是连接着我们的过去和未来。

通过确定好 10 年目标和定期更新简历，我们可以管理自己人生的现在和未来。换句话说，如果过了半年或者 1 年，你仍旧不需要更新简历，那就说明这期间你没有进步，也就是没能实现短期目标。每 3 个月更新一次简历，既可以整理短期工作的业绩，也可以回顾、审视自己掌握的新技能。

大家在将简历内容和自己的 10 年目标进行对比的时候，也应该思考一下这些问题：短期内应该怎样学习呢？中期的话该如何投资呢？长期来看又要如何更靠近目标呢？然后客观地回顾迄今的进步是否匹配 10 年目标。

我建议大家用两页纸写简历，在第一页写明学历、职业、技能、所获奖励、参加的社团及志愿活动等，在第二页记录发表的论文、出版的专著等。同时要制作一份英文简历，本书第 5 章会说明如何写英文简历，但前提当然是要学习英语。所以，如果想实现用英语展示自己的目标，深刻理解并利用好记录我们过往经历的简历，是提升自己最快的方法。

简历是你努力的记录，可以帮助你看到自己在工作上的进步。所以，更新简历可以使你的努力可视化，从而让你保持动力。此外，通过将记录当前情况的简历与目标进行比较，可以看清目标与现实之间的差距。了解到差距以后，我们就清楚接下来必须做什么。因此，简历应该作为管理目标的标尺，推动职业规划调整，反映个人日常成长。当你回顾定期更新的简历时，也许就会发现你正在取得巨大的成就。

目标本身是可以改变的东西，这就要求我们要灵活对待目标，但目标频繁变化也会导致职业战略和决策变得复杂。如果目标稳定不轻易变动，则标尺不会改变，判断也会变得清晰，这就是我们要设定明确目标的原因。

将理想和目标结合

你能下决心停止目前一直花时间在做却毫无成效的事情吗？比如，你所在公司的 A 项目已经开展 3 年了，在设备上的总投入累计已达到 10 亿日元，是否还应该继续追加 1 亿日元的投资呢？

在面对这样的问题时，如果你知道"沉没成本"（sunk

cost）这个概念，就能够避免做出错误的决策。沉没成本指已经投入的费用，这是金融领域的一个基本概念，也是我们做决策时可借鉴的思考方法。

上述案例的具体情况是：花费3年时间、投资10亿日元后，市场调查结果显示，公司还是很有必要追加1亿日元的投资。那么，应该如何决定是否追加投资呢？这时，决策必须以能否带来眼下（新项目开始时）至将来的经济效益为标准。

假如经过市场调查后，新项目的预计回报不会超过1亿日元，那么即便过去的3年时间和10亿日元的投资付诸东流，也不能轻易追加1亿日元的投资，而应该终止。在这种情况下，10亿日元的沉没成本不应该被纳入考虑范围，因为已经花费的成本和今后的决策没有关系。投资判断与迄今的投资额没有关系，而是需要对新项目实施的情况进行比较。

所以，如果你也有一直花时间在做却收效甚微的事情，就要考虑继续花费时间能否获取相应收获，并以此为标准来决定终止还是继续。

比如，你在大学期间学了4年物理，毕业后却成了一名战略顾问，这时你是否应该继续学习物理呢？在这种情况下，学习物理花费的 4 年时间便成了沉没成本，接下来将时间用于如何成为一名优秀的顾问才是明智的选择。

我们理解"沉没成本"这个概念后，就应该明白在做决定的时候要坚守一个原则，即无视我们已经无法控制的过去。在设定目标的时候，不要考虑过去，而要以将来的理想为目标，考虑对当下的自己或组织来说什么是重要的。

赋予目标连贯性

达成目标最重要的战略之一就是持续性。正如我们经常说的"坚持就是力量"，不可持续的目标是无法实现的。

在商业领域，有一个概念是"持续经营"（going concern），一两年的持续是没有意义的，能持续 10 年、20 年的长期而完整的事情才应该成为目标。比如，在研究领域，诱导性多能干细胞（ips cell）[①]并不是突然被发现的，而是在

[①] 指通过将一些多能遗传基因导入皮肤等细胞，让普通体细胞"初始化"而得到的具有多能分化潜能干细胞，可进行定向干细胞治疗。——编者注

日复一日、不断试验的基础上才取得的重大发现。哈佛大学商学院教授迈克尔·波特（Michael E. Porter）在他的著作《竞争战略》（Competitive Strategy）中也将持续性列为第 5 个因素。

在新技术不断快速迭代的当今世界，领导者必须能够适应变化，但仅靠改变还不足以成就大业或成为专家。不管运动、学习还是工作，"持续"都是增加价值和实现目标的方式。

如何保证每天学习 1 小时

一直朝着目标努力并不容易，我们应该如何坚持下去？要做到这一点，重要的是降低"交易成本"。

现在，让我们想想如何坚持每天花 1 小时学习英语单词。这个小目标的交易成本是"每天争取抽出 1 小时""坐到桌子前""打开参考书"。那怎样才能降低这些成本？

如果我们难以做到"每天争取抽出 1 小时"，那么可以利用碎片时间拼凑 1 小时。也就是说，即使不能保证一次 1 小时的学习时长，我们也可以每天找到 6 次 10 分钟的碎片时间，利用这段时间保持专注，这样即使是忙碌的商人和医生也能做到。如果我们不方便坐到桌子前，也不方便打开参考书去学习,那么我们也可以在活动的时候练习听力,在躺着的时候看单词书,这时我们务必坚持马上行动的原则,不要先查看邮件或者吃点东西再开始。

所以,重要的是要有可及时应对的持续性目标。只要确立了核心目标,我们就可以灵活改变具体的实现方法或学习方法。

不同的目标是否和我们的最终目标方向一致

与持续性同等重要的还有"保持目标的一致性"。例如,我的目标是推动母校的医学部成为世界一流的医学部,为了实现这个目标,我会去哈佛大学留学,体验世界一流大学的教育;还要取得 MBA 学位,培养经营和领导能力;成为最优秀的医生和研究者,再回到我的母校。这一系列计划与我的最终目标是相辅相成的,将产生共赢的价值。

如果每个目标都是一致的,那么我们为达成目标所需的能力、努力和时间会相适相宜,目标之间的联系也会增强,就可以避免无用功和浪费时间。

因为一致性的目标是相互影响的,所以一旦出现某个目标与其他目标不一致的情况,我们会很容易发现,就可以及时修正或变更。

设定多个具有一致性的目标，有助于个人的全方位成长。当我们设定了多个目标时，记得要考虑这些目标是否和自己的使命指向同样的方向。

目标也要"投资组合"

我们对"风险"一词并不陌生，在日常对话中它常常带有一种"不好的预感"。其实在金融界，风险指的是面向不确定的未来而难以决策。比如，在股票交易市场，如果能准确预知股票一定下跌，就可以通过卖空股票来回避风险。也就是说，风险是指无法衡量好坏的不确定性。

如果我们只局限于一个目标或一项工作，风险就会很高，我们就必须提高警惕。因为在目标单一的情况下，一旦我们遭遇挫折，全部的希望都会化为泡影。如果只集中于某一项工作，一旦遇到公司重组或者破产，我们就会失去生计。

但是，风险是可以控制的。

设定多个目标后，即使有一个目标不能实现，我们也可以朝着其他目标继续努力。我们取得多个资格证书后，在需要变动工作时就多了一些选择，就可以去尝试不同的领域。投资股票时，单投 1 只股票要承担很大的风险，而搭配组合不同的股票就可以降低甚至规避风险。

同样，我们在设定目标时，也要为了降低风险进行目标的投资组合，组成一个"目标文件夹"（图 1-2）。可能有人会担心这样做会不会疏忽了本职工作，答案是并不会。**我希望大家能够保持降低集中风险的意识，将其他领域的知识灵活运用于本职工作和自己未来的发展。**比如，可以在本职工作之余去学习英语来提升自己，如果你是医生，不要只顾钻研和提升诊治技术，也要提高学术和教育水平。

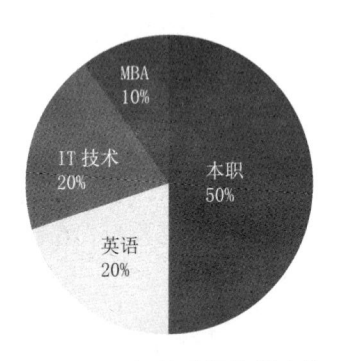

图1-2 目标的"投资组合"

友人柳内启司在其著作《改变人生的第二张名片》中也说过，"对本职工作以外的事情有兴趣绝不是一件坏事"。

开拓视野反而有助于提高本职工作的成绩。

在对目标进行投资组合时，要尽量设定与本职工作相辅相成的目标，因为毫无关系的事情会有危及本职工作的风险。

不夸张地说，通过定量把握风险，可以预测目标的完成度。在学习方面，也希望大家保持着风险管理的意识，对目标进行投资组合。

挑战多个目标

同时设定多个目标有什么好处呢？

很多人觉得目标应该逐一完成，而我并不这么认为。我们应该同时挑战 A 和 B 两个目标，而不是在 A 或 B 之间进行选择。因为没有挑战的人生是没有意义的，我们不能因为惧怕失败而放弃挑战。

保守的医学环境是不允许一位持有医师资格证的医生离开 2 年后再回归的，所以如果我脱离本职专门攻读 MBA，就很难再回到医学界了。于是我选择了能利用周末学习的管理者 MBA，这样就保证了在不离岗的情况下边工作边学习，最终拿到了学位。

如果 A 和 B 都是为了实现最终目标的短期目标，那么为了实现最终目标和梦想，我们就不应该对它们进行二选一，而应该同时选择它们。

如果实现了 A 目标以后再去实现 B 目标，那么 B 目标可能会被超越自己的人抢走；如果因为觉得要做好充分准备而一直停留在准备阶段，就可能会跟不上变化导致进度停滞不前。

随着时代发展，社会所需要的人才和技能也在变化，所以我们没有必要局限于某一个专业。反之，如果我们具备了很多人没有的卓越才能，就能灵活应对时代变化。这就好比一棵大树，根扎得越深，树干才能长得越高，枝叶也才能越繁茂。我们的本职工作犹如树干，更多的知识和技能就犹如枝叶，要不断地扎深树根、繁茂枝叶。

总之，不要担心自己不行，不要顾虑准备不足，勇敢地去同时挑战 A 和 B 两个目标吧！

借鉴成功人士的经验

为了使目标具体化、战略化，最有效的办法是研究与自己有相同目标的榜样人物的经历。

第 1 章　设定目标，找到挑战的起点

我自从设定了要去哈佛大学医学院留学、取得 MBA 学位的目标之后，就浏览了很多前辈记录分享相关经验的博客文章，研究他们是如何达成目标的，摘录我可以模仿的地方。

在决定自己的职业时，我以一些高管和教授为榜样，研究了他们的人生轨迹。我具体参考了他们的简历，从中获取了很多值得借鉴的东西，可以说，遵循他们的足迹是最可靠的路径。

眼科学会分发的文件摘要中会罗列很多著名的教授，我在成为眼科医生后，便收集并分析了他们的简历。我吃惊地发现他们的经历非常相似，他们去海外留学、获得奖项的年龄基本一样。

我们可以通过这样的方式将前辈的经历投射到自己身上，然后更具体地想象我们的目标。我们还可以通过寻找成功人士的人生转折点，借此来探寻自己的成功之路。

在商业领域，模仿战略并不能创造竞争优势，但模仿榜样的人生轨迹对我们来说是非常有用的。正如我们经常从历史中学习一样，我建议大家都去研究一下周围的成功人士，学习他们是如何实现目标的。

很多目标看起来谁都达不到，更无法确定能否实现，

挑战这样的目标的确需要勇气。但是，不管看起来多难的目标，肯定有人实现过，或者有朝一日总会有人实现。所以，找到这些榜样，参考他们的经历，为自己设定一个明智的目标，然后去行动，这是我们实现最终目标的捷径。

目标达成　实践

我决定留学哈佛大学、攻读MBA的历程

各位读者，你们一定是对作者有着很大兴趣和很多疑问才会翻开这本书吧！这个既是医生，又留学哈佛大学，还获得了MBA学位的作者到底是一个什么样的人呢？他究竟采取了哪些学习方法呢？

在回答这些问题之前，我先解释一下我为什么要留学哈佛大学并攻读MBA。

我在茨城县的取手市出生、长大。那是一个坐落在利根川岸边，如田园诗画般的通勤小镇，距离东京上野站乘常磐线列车需要40分钟左右。我的父亲在水力发电所上班，母亲是一位小学教师。

第1章　设定目标，找到挑战的起点

从童年到青春期，我度过了和大多数人一样的时光，没有去过国外，初中和高中就读于当地一所一贯制私立学校，江户川学园取手中学校及高等学校。我在学生时代热衷于硬式网球的社团活动。

留学哈佛大学是我在东京大学医院实习时的一个"狂妄"决定。我在医学部读了6年，毕业后通过了日本国家医师资格考试，然后在医院进行了为期2年的初期临床实习。实习医生在实习期内会被安排在内科、外科等各科室轮换，一般来说，大家会在这个阶段决定最终的方向，然后到自己希望的科室工作。

因为家里没有医院需要继承，所以我可以自由选择方向，也正因如此，我意识到这将决定自己的人生目标，必须慎重选择方向。另外，东京大学的学术环境也让我认识到学术研究和临床实践同等重要。

从那时开始我就决定要去留学，又觉得总归要留学，索性就去世界上最有名的哈佛大学。我想亲自去体验一下那里的研究环境，去看看那里究竟云集着什么样的人才，去挑战只有在哈佛才能看到的崭新世界。

攻读MBA，应该是我在东京大学医学部附属医院实习结束时做的决定。

医生在医院工作时，要作为医疗队伍的领导者管理团队；在学校做研究时，还要管理计划制订及经费使用等，所以管理能力是不可或缺的。但是，现在的医学部教育无法提供充分学习管理知识的环境。

从医学部毕业后,我作为临床实习医生在东京大学医学部附属医院工作。能够从事对社会有贡献的医疗工作,我深感自己的工作意义重大,但与此同时,我也渐渐意识到医生还需要具备管理和领导能力。因此,我一直希望能有机会去美国的商学院系统地学习管理和领导能力。

实习期结束后,我有一段时间非常苦恼:是否就这样成为一名医生?于是,我参加了一场外资咨询公司的就业说明会,向已经获得MBA学位的人请教,收集了一些信息。但最终我决定还是以医生为本职,促使我做这个决定的原因是这份工作既包括临床治疗,也涉及研究和教育,它可以让我获得从其他工作中无法获得的成就感。

如此,这个时期的我已经找到了自己的人生使命:作为医生、研究者、教育者在大学附属医院工作,通过医疗服务为世界做出贡献。但除了打算作为医学生继续留学哈佛大学以外,我并没有放弃攻读MBA,而是决定摸索出兼顾两者的方法。

医学生去海外留学一般都是在国内修完博士课程后,作为博士研究员赴海外深造。于是,我在实习结束后,马上去读了母校顺天堂大学眼科专业的博士课程。

顺天堂大学的眼科专业开设于1943年,有着非常悠久的历史,又因1952年最早引入了美国发明的隐形眼镜而出名。它作为LASIK激光手术的先驱,深入研究了角膜前后切开术,并为

第 1 章　设定目标，找到挑战的起点

屈光手术的进步做出了重大贡献。另外，它还在日本开设了第一家角膜移植眼库。这一系列因素促使我决定继续在母校进修。

为了成功留学哈佛大学，我必须拿到医学博士学位并取得相当的研究成绩，因此在读博期间我做了充分的积累。另外，为了能够拿到留学奖学金，我也做了很多准备。

研究成绩的要求之一是在学会刊物上发表文章，我参加了所有重要的学术会议。另外，考虑到海外经验也是留学的必要条件，我参加了世界卫生组织的失明预防项目，并加入了国际学会，每年在海外刊物上发表一篇文章。另外，我还考取了产业医生、眼科专科医生等所有可以考的资格证。可能是这些成绩发挥了作用，最终我获得了博士伦日本公司提供的留学奖学金，去了向往已久的哈佛大学医学部眼科专业留学。

之后，我也曾因是否要攻读全日制的 MBA 而烦恼，考虑过在哈佛大学医学部的留学结束后就去读全日制的 MBA。但是，从职业角度考虑，如果我选择读 2 年全日制 MBA，就得放弃重返医学界的念头。因为完全脱离医学行业 2 年，我会被最新的发展动向排除在外，这在依旧持续保守体制的大学附属医院，只能是一张单程票。

那我应该如何实现自己的 MBA 目标呢？我请教了许多人，果然，只有主动行动才能有所收获。在访问哈佛商学院的时候，一位朋友告诉我，有可以在职读的 MBA，这是面向相关在职人员的课程，在日本几乎无人知晓，在美国等国家却很受欢迎。

摆脱无效忙碌的目标达成法

对于不想中断医生职业的我来说，攻读在职 MBA 是再合适不过的。并且，只要不中断研究工作，哈佛大学医学部眼科允许医生参加商学院的课程。于是，我一边作为医生和研究者工作，一边实现了留学哈佛大学并在商学院进修的目标。

就这样，我达成了留学哈佛大学和进修 MBA 这两项看起来很鲁莽的目标，并从中收获很多。即使现在回想起来，我还是觉得那几年是我人生最辛苦的时期，但也是我工作和学习表现最出色的时期。

谁都无法轻易实现目标，所以我们为了提高工作和学习的效率，必须改善对学习和工作的认知。然后，在挑战难以实现的目标时，要将目标可视化，进行高效学习，避免无用功。

我将在本书中分享我在哈佛大学留学和攻读 MBA 过程中学到的思考方式、学习技巧和流程，以及人际关系网的建立过程，希望对大家有所帮助。

第 2 章

管理目标，
从忙碌中解放自己

导读 摆脱无效忙碌的目标达成法

医生常常要从清晨忙碌到深夜，保持高强度工作。即便如此，仍有很多医生为了追随医学的进步在坚持不懈地学习。而作为医生的我，还需同时准备留学哈佛大学和攻读 MBA。

那么，既要应对好眼前的工作和境遇，又要朝着将来的目标努力，我们应该如何管理时间并高效学习呢？我们可能要边工作边准备资格考试，或者边育儿边学习一门新语言，这些工作和学习固然都很重要，但并不意味着我们要将所有的时间都投资于学习和工作，而疏忽了家庭。

有一点很确定，如果我们不运用杠杆原理去平衡学习（工作）与生活，就注定不会有丰硕的成果。

本书将会帮助大家实现目标，不管你是忙碌的商务人士还是家庭与学习兼顾的人，就算不能延长学习时间，但只要稳扎稳打，就一定能在未来取得巨大的成果。

让我们怀着对家人及支持我们的人的感恩之心，朝着未来的目标前进吧！

第 2 章　管理目标，从忙碌中解放自己

善用时间管理

不管我们设定了多好的目标和策略，如果不花足够的时间去努力，就无法将其付诸行动。可是事实上，我们往往会为了工作和家庭忙忙碌碌，无法保证能抽出时间去读书或者准备资格考试。

那么，为什么一天都是 24 小时，有人就能做完比其他人多的事情呢？

答案就是每个人对时间管理的认知和方法不同。所谓时间管理，是指为了实现目标对时间进行规划。当然，这并不意味着"把时间分成小块，把计划填满，忙忙碌碌过完一天"就可以了。

你在工作日通勤需要花费多少时间呢？是不是刷刷手机、看看网页、听听音乐，时间就溜走了呢？如果你擅长时间管理，就可以利用通勤时间学习英语、听电子书、读对学习有帮助的书。对你个人而言，这会促进你的成长，对你周围的同事朋友而言，你的干劲会感染他们，产生积极影响。

时间管理并不是一件难事，最重要的是，你要理解这对你来说是多么重要的一个规则和技术，它应该成为你人生的一部分。**恰当地进行时间管理，对于完成目标和自身成长来说是不可或缺的。**学习时间管理，可以加固你通往成功的基石。如果能正确掌握时间管理，你就可以掌握以下能力。

- 按照优先顺序和截止日期进行时间管理。
- 设定目标并取得相应成果。
- 高效开展日常活动。
- 快速做出正确决策。
- 找到好的替代方案。
- 管理团队和组织。
- 避免疲劳过度。

即使在紧张和高压状态下，我们也能通过时间管理实现看似无法实现的目标。

将复利融入时间管理

接下来，我将试着从金融学的角度来回答"为什么时间很重要"这个问题。

如果让你在两个选项之间做出选择："今天得到100万日元"和"1年后得到100万日元"，你会选择哪一个？凡是看重时间的人都会毫不犹豫地选择前者，因为有利息，也就是说，如果现在得到100万日元，将其存入金融机构，1年后就可以多获得1年的利息。因此，现在的100万日元比1年后的100万日元更有价值。

如果不是1年而是10年呢？假如利息是5%，100万日元就会变成162万日元，和10年后的100万日元相比整整多了62万。差距如此之大，就是因为利息还会产生利息，这便是金融学中"复利"的概念。

在认识到"复利"好处的基础上进行时间管理，可以帮助我们快速成长、实现目标。

为了中考和高考而努力的人，可以考入更好的大学，今后的人生也会持续受益。年轻时学习的知识、积累的经验，日后也会"复利"般地增长。因此，不管多忙多累，都应该在年轻时选择能够提升自己的工作，掌握更多的知识。这样，我们就可以长期享受"复利"带来的收益。

即便在与他人的交往中，时间也会产生"复利"的价值。与某个人的相遇会带来下一场相遇，而下一场相遇又会带来新的相遇。如果意识到这一点，我们就不会再畏怯建立人际关系网了。

既然我们已经从金融学的概念出发理解了管理和有效利用时间的重要性，那就赶快行动，利用时间的"复利"，掌握技能、提升素养吧！

用类选法决定优先级

为了能有效利用时间，确定各项工作的优先级也是很有必要的。对此，我推荐采用治疗类选法。治疗类选法是指，在医疗现场，当重大灾害和事故导致医护人员及医疗物资不足时，为了得到最好的结果，救治者根据病人症状的严重程度决定对哪些病人进行优先治疗的方案。

分诊优先级判断的结果由 4 种不同颜色标记的卡片表

示，贴在病人的右手腕上。这种卡片被叫作分类标签，按照黑色、红色、黄色和绿色4种颜色分类。黑色是指已经没有救助希望的人，红色是指情况十分紧迫需要立即治疗的人，黄色是指没有红色紧急但也需要尽早治疗的人，绿色是指病情不那么紧急的人。

在日常工作中，我一直遵循治疗类选法，为必须马上处理（1~3天以内）的任务贴上红色标签，为需要一周以内处理的任务贴上黄色标签，为并不紧迫的任务贴上绿色标签，然后把它们分类保存在电脑里。对于处理好的工作，我会贴上黑色标签再拖放至相应类别。

为工作任务贴上治疗类选法标签，可以使各项工作的优先度明确、清晰。我们可以按照红、黄、绿的顺序，也就是按照工作的重要性、紧迫性来依次处理。

学习也是同理，在急需掌握的内容旁贴一个便签便于优先学习，在重要内容旁贴一个便签提醒自己重点复习，这样也可以避免不必要的重复学习。

保持优先度的意识学习和工作，是高效利用时间的秘诀。大家也试着在任务中运用治疗类选法，来避免无用功，创造高效的环境吧！

缓解学习疲劳的 3 种方法

在已经明确目标、确定学习内容,并避免了无用功之后,接下来要做的就是学习了。但是,如果时间管理不当,照样无法取得成果。学习效率=学习成果÷学习时间,所以,要想提高学习效率,就要提升学习成果、减少学习时间。以下是 3 种具体方法。

疲倦后更换学习科目

事实上,这是我最喜欢的学习方法,因为持续学习某一学科很容易疲倦,专注力就会下降。这是由于人的大脑一直接受单一刺激,我们会容易瞌睡,专注力下降必然导致学习效果减缓或停滞。

因此,我们可以每 1 小时更换一门科目,以此不断恢复大脑刺激。回想一下我们的小学时代,不就是一直在变更着科目学习吗?这正是为了保持小学生的专注力。

采用与他人不同的时间管理法

我们可以避开早上混杂的出勤时间,在公司附近的咖

第 2 章 管理目标，从忙碌中解放自己

啡店学习、读书，或者早点到办公室投入工作，以便按时结束工作；然后把本应加班的时间用于学习或者参加研讨会，晚上的空闲时间则用于自我提升。这就是与他人不同的时间管理法。

反复进行短时间学习

我们可能要一边工作一边育儿，很难保证整块的学习时间，但是，没有人挤不出碎片时间吧。如果能有效利用碎片时间，即便是对于写报告或论文这类需要整块时间的任务，我们也可以取得成果。

有效利用碎片时间

确保更多的时间是更高效学习的必要条件，其重点不是让时间变"长"，而是让时间变"多"。

投入时间长并不代表学习效果好，因为人的专注力无法持续很久。将大量的工作或学习任务细化也未尝不可，所以我们可以多挤出一些碎片时间，然后将细分任务分配到各个时间段去完成。

不管是忙碌的商务人士，还是忙于育儿的家长，即便没办法找到整块时间也可以确保碎片时间。有效利用碎片时间，是同时达成多个目标最高效的时间术。

所谓碎片时间，就是指等待会议开始前的10分钟、等候客户会谈前的几分钟之类的零碎时间。除了工作场合，在日常生活中也可以找到很多碎片时间，比如等公交或电车时的5分钟，在便利店里排队时的3分钟。即使你因工作忙得不可开交，也一定会找到碎片时间。因为只要你参与了社会劳动，就不可能没有工作或事务之间的接缝。

我们可以有效利用碎片时间，即便只有短短3分钟，比如，当电脑死机不得不重启的时候，你是不是在静静等待呢？找出碎片时间以后，要有效利用它们，将之用于自我投资。下面介绍几个例子。

有效利用外出和旅行中的碎片时间

一直以来，我都会随身携带书和简单的资料，在等电车和电梯时读读书或者回复邮件，以避免浪费时间。这时候，智能手机或者电子书阅读器，以及无线路由器就尤为重要了。

在利用碎片时间方面，智能手机是不可或缺的工具，通过它可以完成邮件回复和一些简单的工作，这样我们就可以将大量的时间投入更重要的工作和学习中。另外，我们还可以在碎片时间利用软件播放英语播客练习听力。

电子书阅读器里可以存放很多电子书，非常轻便、高效。不管是纸质书还是电子书，只要我们不间断地读，即便在忙碌的时期也可以在1周内读完1本书。

如果你有10分钟碎片时间，就可以在咖啡店或候车室打开笔记本或平板电脑，利用无线路由器接入网络，准备要在学会刊物上发表的文章、撰写论文或书稿。

有一点非常重要：一旦遇到碎片时间，就要立刻利用起来。从这一点出发考虑，我们要尽量选择那些尺寸小、较轻便的物品随身携带。

有效利用在办公室和居家时的碎片时间

在办公室工作时，如果有5分钟的碎片时间，可以确认这一天的待办事务列表，也可以清理垃圾邮件。如果有10分钟的碎片时间，可以整理桌面、签署一下文件、回复一下邮件等。如果有20分钟及以上的碎片时间，可以整理报告、准备用于发表的演示文稿的框架。

碎片时间的利用，不仅局限于工作场合，居家时也可以实现。如果有 5 分钟的碎片时间，可以罗列今天要做的事情，或者要买的东西。如果有 10 分钟的碎片时间，可以叠洗好的衣服。如果有 20 分钟碎片时间，可以用吸尘器打扫下卫生。这样，就可以省下叠衣服和打扫卫生的时间用于工作和学习。

把一天的碎片时间加起来，就是一大块时间了。把这些时间投资到重要的事情上，我们可以创造一个自我投资和实现目标的良性循环。

周末不安排学习

有些忙碌的商界人士和医生，会安排周末的大块时间集中学习。但是，我不会那么做，因为那样做的学习效率并不高。

比如，平时不学习，但在星期六学 5 小时、星期日学 5 小时，这种学习方法并不适合我，因为我知道自己的专注力无法集中这么久。如果持续 5 小时伏案学习，我会在中途走神，时不时去浏览一下社交媒体等。还有些人平日工作繁忙，几天来积攒了一身疲惫，只能在周末好好睡一觉，如果仍然采用这种方法，只会使学习停滞不前，最终

第 2 章　管理目标，从忙碌中解放自己

导致自我受挫。

与周末集中学习相比，如果每天学习 2 小时，不仅专注力可以持续，从遗忘曲线来看也是有助于记忆的。不管怎么说，每天持续学习会让我们更加自信。这就像锻炼肌肉，不能只在周末锻炼而是要天天坚持，同样，学习也需要我们每天一点点推进。这样，我们就可以利用周末时间发展自己的兴趣爱好和陪伴家人了。

当然，在考试之前的确需要短期的集中学习，所以并不是绝对的不能集中学习。除此之外，不安排周末集中学习的策略一定会给我们带来更好的学习效果。

减少"分心"的时间

为了高效利用时间，在有效利用碎片时间的同时，也有必要减少专注力分散的时间。专注力分散即"分心"，也就是说，我们要减少一天之内分心的时间，提高在有限时间内的专注度，提高学习和工作的效率。

我们在一天之内有多少专注力分散的时间呢？若是在办公室，专注力分散的情况其实会频繁出现，比如，在工作过程中收发邮件短信、与同事交谈等。

其实，仅是这些事情并不会浪费很多时间，但是一旦专注力被破坏，我们就需要时间去恢复，如果被破坏的次数达到10次，那被浪费的时间也就有10倍之多了。

如果能减少专注力分散的时间，生产力和效率就会显著提高。下面，让我们来了解一下具体对策吧。

邮件

邮件是非常便利的沟通方式，但同时，它也是最容易让我们分心的"罪魁祸首"之一。回复邮件和短信浪费的时间，不会产生创造性成果。

对此，我建议大家定一个确认邮件的时间。在通勤路上，我们除了读书以外，能做的事情比较有限，吃饭时我们也可以做到边吃饭边确认邮件，另外，下班回家前我们处于疲惫、创造力低下的时段。所以，我们可以利用通勤时、午饭时、回家前等凡是不能集中精力的时间来处理邮件等信息。

反之，我们大脑最清醒的时间是刚到公司的时候和上午，这是大脑的黄金时间，请不要利用这些时间来处理邮件，而是用来做创造性工作。另外，手机震动和铃声是造成分心的重要原因，所以在这期间请关闭信息通知功能。

总之，我们不要让自己去适应邮件，而是让邮件来匹配我们的低效时间。

网络

近年来，大部分的案头工作是通过电子产品完成的。然而，我们经常在事后才发现，自己已经浪费了大量时间在网上冲浪和浏览社交软件上。

为了能在学习和工作上集中精力，我们要做的第一步就是关闭浏览器、退出社交软件。这样，再想浏览就多出一个步骤，也就可以在一定程度上避免我们走神了。最近，有的公司开发了关闭社交软件、屏蔽社交信息的程序，大家可以有效利用起来。

从每天早上9点到晚上9点，我的手机和笔记本电脑都被设置成了禁止访问社交软件。当然，我在主动要发送信息的时候也会登录社交软件，但我尽量不把时间浪费在浏览那些与我本人意愿无关的社交软件上。

同事

人际关系好有时也会成为我们分神的因素。你是否也有这样的经历呢？我们并不想吸烟的时候，同事邀请我们去吸烟区；并不渴的时候被同事邀请喝杯咖啡……

为了避免这些情况，如果你有一间独立的办公室，那就提前把门关好；如果没有独立的办公室，可以戴上耳机装作在听音乐的样子，创造你现在不该被打扰的气氛（当然，没必要真的去听音乐）。

还有一个方法，就是改变工作地点。比如，去空着的会议室或图书馆，附近的咖啡店也是不错的选择。重要的是要有效率，不要拘泥于地点。

我们可以通过这些方法减少专注力分散的时间，确保足够的可用于创造性工作的时间。

养成专注的习惯

前文已经介绍了有效利用时间的方法，下面我们来讨论一下提高专注力的方法。据说，我们每个人的专注时间最长为20分钟，但是，我们是有办法提高专注力、延长专注时间的，这样也就提高了时间的实质密度。

提高专注力的有效方法被称为"习惯性动作"，也就是做一些固定的动作。

运动员经常做出习惯性动作。棒球选手铃木一郎总是

第 2 章　管理目标，从忙碌中解放自己

在击球区摆出相同的姿势；著名的网球选手拉斐尔·纳达尔（Rafael Nadal）在发球前有一套招牌动作，他会扯一下裤子，把头发捋到耳朵后面，然后摸一下鼻子，五郎丸步在参加 2015 年的橄榄球比赛时也是同样的动作。

习惯性动作可以提示我们的大脑准备开始行动，自然而然就提高了专注力。 在学习和工作中，我们也可以把有助于提高专注力的动作变成习惯。

比如，有人总是在工作之前喝一杯咖啡，这其实就是一种习惯性动作，大脑会随之切换至工作模式。又如，医生在手术之前要洗手。当然，这一行为主要是为了保证卫生，避免细菌和感染，但是除此之外，这一固定动作也可以提示大脑进入手术模式，提高专注力。

接下来，我来复原一下我可以非常专注地投入创造性工作中，并不断迸发新主意的做法。

需要进行创造性思考，如思考论文的概要、构想新的事业的时候，我不会使用电脑，而是铺开一大张白纸，把想法写在纸上，这样可以打破电脑屏幕的限制，在一个更大的空间里进行创新。事实上，我确实通过这种方法产生了很棒的想法，之后便决定继续这样做，因为我非常适合这种方法。

另外，还有改变姿势和环境的方法。我经常在天花板很高的空间或者开放的时尚咖啡馆进行思考，往往能产生创造性的想法。有研究表明，在咖啡馆工作有助于提高创造性。此外，戴上耳机边听音乐边工作、在独立的房间学习，这些方法都可以在我们希望提高专注力时，帮助我们从身体上让感官更敏锐。

因为我很喜欢音乐，所以会根据工作内容选择不同的背景音乐。当我希望提升精神状态、激发更强的动力时，我会选择俱乐部音乐；当我想集中精力时，我会播放经常在咖啡馆里流淌的爵士乐；当我想放松时，我会听怀旧的日本音乐，尤其是孩子先生（Mr. children，日本摇滚乐队）的音乐会帮助我放松下来，想出好的创意，我从很久以前就开始这样做了。

总之，下意识做一些能提高自己专注力的习惯动作，这是很重要的。请大家试着将这些动作变成习惯，让固定的动作帮助我们提高专注力、高效学习、达成目标！

避免多任务并行

"多重任务"这一说法来自"电脑一次性处理多个任

务",指的是人们同时处理多项工作或任务。

如果擅长同时进行多重任务,的确可以节约时间和高效利用时间,但我并不推荐。因为,每次切换任务时,我们都会损失专注力达到高峰所需的时间。

当然,人的可持续专注时间是有上限的,我很赞成在专注力被中断后切换至其他工作。但是,在需要更高的专注力和创造力的场合,能顺利同时进行多重任务的人似乎并不多。

我不否认回复邮件、签署文件等这些不太需要动脑的任务是可以同时进行的,但是,像写论文、撰写书稿这类对专注力和创造性要求很高的工作并不适合并入多重任务。我在做这类工作时,假如有 2 小时,我就会创造出可以保证 2 小时内只集中注意力解决这件事情的工作环境。

多重任务的坏处在生活中是显而易见的。正如大家所知,在驾驶中使用手机违反道路交通法。另外,有研究表明,商务人士在被邮件或电话分心,导致专注力下降时的智商,居然和服用违禁品时一样低。

曾有科学家利用磁共振成像技术监测人类进行多重任务时的大脑血流量,实验结果显示,与进行单一任务相比,额叶的血流量会明显上升。而血流量的增加会导致大脑负担加重，使工作速度变慢。

我在学习的时候，会先"分诊"决定内容的优先级，之后，对排名前20%的内容，我会尽最大努力按顺序依次掌握，重点在于每次都全身心投入。对于办公桌上的案头工作或计算机中的任务，我们也应该按顺序做，尽可能消除"噪声"，专注地完成一项之后再做下一项。如果期间我们突然想看一下邮件或者浏览社交网站，就试着暂停一下告诉自己："等等，把这项工作完成后再看。"

在大部分情况下，进行多重工作不仅不能提高效率，反而可能导致工作速度减慢、造成失误。所以，在面对需要很高的专注力和想象力的工作、学习时，请不要采用多重任务法，而是专注于单一任务。

与此同时，对于多重任务，如果采用我们的具体方法，也会起到节约时间的效果。比如，我们可以在早餐会、午餐会、晚餐及旅行途中回复邮件，因为这些时候并不需要我们高度集中注意力，我们就可以专注于回复邮件或阅读。

总之，在有些情况下，多重任务法具备增加时间深度的效果。但是，在面对需要很高的专注力和想象力的工作、学习时，请采用单一任务法。

把握最佳学习时间

"直到考试的日子临近我才想学习。"
"截止日期快到了我才下决心开始行动。"

几乎每个人都是这样的。你是不是也有这样的经历呢？"距离考试只剩一周了""明天就是提交报告的截止日期了"，只有到了这种"走投无路"的时候才开始拼命抓紧时间追赶进度。

当然，先制订好计划，再逆向填补不足或空缺会比较高效，也能储备实力。但是，准确把握自己的内心期限也很重要。

例如，我在考试前3天会开始集中注意力学习，甚至可以连续学习3天。因为我一直是这个状态，所以我在制订学习计划时也会同时考虑自己的内心期限。但是，如果距考试日期很远，我就无法最大限度地集中注意力。所以我会同时设定多个目标和工作任务，这样，截止日期就会接踵而至，我就能够始终保持高度的专注力。

当然，我并不建议把截止日期设置为相同时间，因为如前文所提到的，处理多重任务会降低专注力。

医学界认为，之所以随着截止日期的临近注意力会提高，是因为人体会分泌一种叫作去甲肾上腺素的交感神经激素。当交感神经占主导地位时，我们的注意力便会提高。

那些总赶不上截止日期、不能完成考试复习任务的人，大多没有正确把握自己的内心期限。如果能利用好生物钟，准确把握自己的专注力时间，就能够更好地计划我们的学习和工作。

其实，在略微忙碌的状态下，我们的学习和工作会有更好的进展，因为平行进行多个目标或工作能够帮助我们保持专注力。

借助睾酮提高专注力

睾酮，也被称为雄性激素，是一种提高注意力和记忆力的激素。睾酮降低可能会导致认知功能的不可持续及动力的衰退。据说，我们可以通过摆出自信的姿势来促进睾酮分泌。

在重要的采访或会议之前，我喜欢在镜子前利用几分钟摆出给自己鼓劲的姿势。这样做可以刺激睾酮的分泌，有助于我保持专注力。在参加 MBA 面试前，我提前到达考场，在卫生间对着镜子摆出了一个必胜的姿势。

我们可以有意识地做一些增强自己自信心的姿势。比如，在演说中可以大幅度地摆手互动，赢得观众的好评。

在学习时，要有可能会被别人看到的意识，就可以保持良好的姿势学习，这样做会提高你的记忆力和注意力。有人认为在咖啡馆学习可以集中注意力，可能就是这种作用的结果。

设定最终期限

如果你在学习时一直延后目标，可能会导致自我放纵，总是想着"明年再考吧"，就这样蹉跎了一年又一年。尤其是对于资格证书这种每年都会举行的考试，我们更可能会这样拖延。因此，短期集中学习是很重要的。

我备考 MBA 的时间只有到美国后的大约半年。因为我已经决定了最多留学 3 年，所以如果第一年不能通过考试，我就没办法按计划从需要 2 年才能毕业的商学院毕业。因此，无论如何我都要在留学的第一年通过考试。

如果我错过了这个机会，就没办法实现在美国获得

MBA 学位的目标。带着这样的危机感，我在短暂的决战期内高强度集中学英语、写论文、练习面试，最终通过了考试。

为学习设定期限会帮助我们提高专注力。所以，在为备考设定期限时，请大家尽量缩短时间，在短期内战胜困难，达成目标！

控制睡意

上午是我大脑最清醒、学习效率最高、工作也能顺利推进的时间段。而午饭后我就会瞌睡，无法按计划开展工作。那怎么做才能消除午饭后的睡意，提高我们学习和工作的效率呢？

针对这种情况，我尝试了一些办法，而且应该只会在这本书里介绍这些办法了。在哈佛大学做研究期间，我总是会把午饭的时间推迟，从而物理性地延长我能够集中精力的"上午"时间。此外，我还会通过减少午餐碳水化合物的摄入来预防午饭后瞌睡，并将不太需要动脑的实验计划等工作安排在午饭后做。接下来，我就从医学角度说明饮食与大脑活力之间的关系。

我们之所以饭后容易瞌睡,主要有两个原因。第一个原因是为了消化食物,身体中的血液会流向消化器官,导致大脑的血液循环减少。第二个是人们在饭后会出现低血糖,低血糖是指血液中葡萄糖不足的现象,葡萄糖是我们大脑活动必不缺少的成分,所以一旦出现低血糖,我们的大脑功能就会减弱,从而产生睡意。而进食后我们的血糖浓度骤然升高,为了降低血糖,人体便会大量分泌胰岛素这种激素,最终导致低血糖。

那为何饭后血糖浓度会升高呢?这是因为我们摄入的碳水化合物中所含的糖分在体内急剧增加,它们在被消化、分解后会变成葡萄糖。因此,我们可以通过控制碳水化合物的摄入量来调节饭后胰岛素的分泌。

所以,我们要记住,千万不要只吃咖喱饭、拉面、甜面包、乌冬面等碳水化合物,在吃主食前一定要先吃蔬菜,先吃蔬菜可以延缓血糖浓度的升高。另外也要注意,不要吃了拉面或者乌冬面以后再吃饭团,碳水化合物的双重摄取也是血糖偏高的元凶。

总之,为了提高工作效率,我们有必要保持良好的身体状态。关注血糖,注意饮食,预防饭后瞌睡,保持能提高一天产出量的生活节奏,这是取得重大成果的秘诀。

抵抗困倦的 3 种方法

消除"混沌感"

每个人或多或少都有缺乏动力、心情"混沌"的时候，心情"混沌"就成了随时可能伴随我们的问题。然而，为了挑战大目标，我们需要马上认识到这种心情会阻碍我们的学习和工作。

我一直都很注意不要让自己的心情变得"混沌"。因为一旦度过了没有动力的一天，就可能需要花两倍以上的时间才能再次追赶上计划的进度，也可能这一天的懈怠会导致之后再也无法打起精神。那么，就无法有效完成好不容易设立的目标了。

不要因为他人的评价而喜忧无常，这一点很关键。许多人容易受到他人评价的影响而动力不足，但是，他人的评价会随着时间而改变。有的人生前就被予以很高的评价，如毕加索；而也有人直到去世后才被人认可，如凡·高。所以他人的评价很容易改变，我们不要被其愚弄。

另外，我们要对自己情绪的变化保持敏感。我因业务繁忙感到疲惫的时候，不会继续勉强自己。因为我知道，即使勉强自己坚持下去，效果也会很差。

这时，我会毅然决定去打 2 小时网球，借兴趣转换一下心情或者早点休息，第二天再早起工作。这样，我便可以控制自己的情绪，避免心情变得"混沌"。

为了能持续学习，让我们消除"混沌感"吧！

越优秀越不加班

我想大家都有过这样的经验，已经很累了也依旧坚持埋头学习，结果却导致我们的身体变差，不能保证足够的学习时间。

在哈佛大学的实验室，越优秀的人越会在固定的时间回家，他们不会根据自己当天的情况早到或者晚归，来去的时间都是基本固定的 。

我一直很尊敬的一位同事总是在晚上 11 点回家，而我在 11 点之后依旧会继续工作，但是我也没法长时间保持这种节奏，因为会把身体累垮。

为了能够长期、持续地取得成果，身体管理是非常重要的。显然，比起长期散漫地学习，决定好最后期限、专注学习更容易出成绩。保持健康的身体和良好的精神状态，通过二者的平衡避免"混沌"的心情，这对保持学习的持续性很重要。

好好规划假期

学习和工作中的强者，十有八九擅长娱乐。**为了能顺利推进学习和工作，缓解压力和保持任务节点清晰是非常重要的**。如果学习或工作很散漫，不仅不能提高效率，还失去了玩的时间。

哈佛大学医学部和波士顿大学商学院的同学都擅长按下暂停键。商学院的同学会提前做好考试后第二天就出国旅行的计划，而哈佛大学实验室的研究员会在提交论文后马上进入休假状态。

因为论文需要经过称作"查读"的第三方评估的过程，所以作者提交论文后要等一两个月才能知道结果。如果能提前掌握好提交论文的时间，就可以利用这个完美的时机休假。

这需要非常强的计划管理能力，如果论文提交计划被打乱，旅行也就无法按计划进行。但是，如果能确定在提交论文后工作就可以按下暂停键，就不用担心错过邮件等重要信息，可以放心地休息了。

张弛有度的人可以平衡工作学习和娱乐休息，形成良性循环。让我们带着这种张弛有度的意识,来克服身体上的疲惫和精神上的厌倦吧!

保持环境整洁

我在离开公司之前一般都会清理办公桌,第二天早上来到办公室的时候就可以干劲十足,全身心地投入上午的宝贵时间中去。重要的是要下意识地安排清洁时间,我建议大家在日常生活和工作中养成这种好习惯。

哈佛大学的实验室有一个惯例,研究员会在每个月固定的一天打扫卫生,这样不仅可以保持实验室的清洁,也可以提高大家的生产率和创造性。如此,工作和学习效率得到提高,所收获的回报也大大超过了花在清洁上的时间。

很多人说"我经常在考试前一天想打扫卫生",考试之前打扫卫生看似是浪费时间,但实际上,整洁的环境会帮助我们提高专注力。

清洁卫生还有其他好处:发现忘记学的东西和本不该犯错、不该失败的事情。比如,我们打扫桌子及其周围的卫生,就可能发现未完成的文件。如果清理电脑中的文件,会注意到那些忘记回复的邮件和临近截止日期的任务，就可以防患于未然。考前也一样，或许能在打扫过程中发现漏学的内容。

总之，请大家明白，通过打扫卫生，我们可以注意到异常情况或发现问题，且清洁时间是提高效率的有效时间，而不是浪费。

将 10% 的时间用于探索新事物

你知道谷歌有名的"70/20/10"规则吗？它指的是将 70% 的工作时间用于核心业务，如谷歌的搜索和广告系统；20% 用于核心业务的扩展，如谷歌的 Gmail 等；剩余的 10% 用于全新的项目。

谷歌通过这个时间分配比例，让员工保持了工作的灵活性，可以不断地产生新的想法和策略。那么，如何确保 10% 的创新时间呢？

当然，我们不能疏忽本业。谷歌可以采用奖励的形式督促员工做到 10% 的业务是创新项目，但我们无法做到和谷歌一样。我们能做到的是减少时间的浪费，有意识地留出 10% 的时间用于本职工作以外的新事物。

如果你每周工作 40 小时，那么 10% 就是 4 小时，再

第2章 管理目标，从忙碌中解放自己

按照每周5天工作日来算，平均1天10%的工作时间就是48分钟。也就是说，我们差不多每天要分配48分钟给本职工作以外的新领域。如果没有1小时的整块时间，我们可以有效利用碎片时间，重要的是要做本职以外的事务。

如果你从事金融业，或许可以读一下关于医疗界的书。我不仅看与眼科有关的论文，也会读其他科学领域的论文、商业和技术方面的案例研究。只读商业读物的人，也可以试着挑战一下与文艺、历史有关的书。

另外，这10%的时间可以用来与不同职业的人一起度过。以每周一次为目标，和不同领域的人一起吃饭喝茶，可以快速了解其他领域的发展动向。如果你与家人一起生活，没什么在外就餐的时间，那就利用午饭时间和其他部门的人一起吃饭，这样也可以获取平时了解不到的情报。

我们还可以把这10%的时间"浪费"在平时不做的事情上，比如挑战一项新的运动，或许就可以了解到与这项运动有关的商业结构。

我们有时候会觉得探索新的领域很麻烦而不想做，但我还是希望大家有意识地将10%的时间投资于本职以外的事情上。这样既不会被束缚在既有的圈子里，也可以产生新的想法、构建新的人际关系。

> **成功人士的目标达成法**
>
> 对话顺天堂大学医学部心血管外科教授
> **天野笃**

天野笃教授是日本领先的心血管外科医生之一，并且是非体外循环冠状动脉旁路移植术的先驱人物。我们采访了天野笃教授，听取他独有的挑战方法。

问：天野教授是如何成为在全球名列前茅的心血管外科专家的呢？

答：我一直在努力消除手术中的浪费。我会提前仔细进行成像诊断，精确地制订手术计划，并缩短手术时间。由此，以前因有创性治疗风险太大而无法进行手术的老年人也有了做手术的机会。我始终这样坚持，就逐渐地为越来越多的患者做出了一些贡献，也提高了我们的手术水平。

问：通过彻底消除浪费和手术过程标准化，我们可以专注于所有手术，也包括要求超高技术的高难度手术。那么对天野教授来说，突破点是什么呢？

答：迄今我不断地在这方面进行训练、探索，第一个突破是在我可以毫不犹豫地做我没有做过的手术的时候，虽然事实上是我在执刀，但我又会觉得仿佛我只是旁观者。

第二个突破就是我掌握了做出撤退判断的能力，这时我有了攻防兼备的感觉。决定放弃的时候，我感觉就像浑身脱了一层皮。

问：心血管外科医生非常忙，很难有休闲和自我投资的时间。那您是如何进行时间管理的呢？

答：我会给全部的事情赋予优先级，然后根据当时的优先级更改计划。另外，作为一名医生，我必须接受通识教育，因为我担心自己的无知会无意中让患者感到悲伤或不愉快，所以也会有意识地阅读一些工作中不会读到的书。

当然，心血管外科非常忙，我们很难确保有整块的时间，但我依然会调整周边的环境，使不可能成为可能。我认为，医生只懂医学是无法切身体会患者心情的。

问：能不能告诉我们持续成长的秘诀呢？

答：成长的秘诀就是不要制造矛盾，这样就可以得到周围人的支持。另外，要珍惜人与人之间的联结，不要只做自己认为好的事情，也要努力为组织、为周围的环境创造积极的影响，最终自己也会受益。我一直把为组织和朋友做贡献作为我的使命。

问：最后一个问题，您现在正在挑战的事情是什么？

答：我目前在挑战速度快、价格低、技术高超的手术。我希望在最恰当的时机，减少浪费，为患者提供最好的医疗。这要立足长期以来的结果进行思考，将经验合理化，提供更高质量的医疗服务，但这并不意味着要让医疗成为高端的商品。

最近我参观了印度的诊所，在日本需要约 300 万日元的搭桥手术，在印度只需要 8 万日元。如果手术费是 8 万日元，患者治愈后可以很轻松地靠工作赚回来，但是想赚回 300 万日元是很难的。廉价劣质的医疗时代早已经结束，我希望提供所有人都能接受的、便宜的、技术高超的医疗。

天野笃简介

顺天堂大学医学部心血管外科教授。1955 年出生于埼玉县莲田市。1983 年毕业于日本大学医学部，在 NTT 东日本关东医院接受临床培训后，到龟田综合医院做实习医生，1989 年成为该院心血管外科主任。1991 年担任新东京医院心血管外科主任。至 1997 年，在新东京医院主刀的手术达 493 例，所做冠状动脉搭桥手术的数量位列日本第一。2001 年 4 月担任昭和大学横滨市北部医院心血管中心主任、教授。2002 年 7 月担任东京顺天堂大学医学部心血管外科教授。2012 年 2 月，在东京大学医院为日本天皇做了冠状动脉搭桥手术。

第 3 章

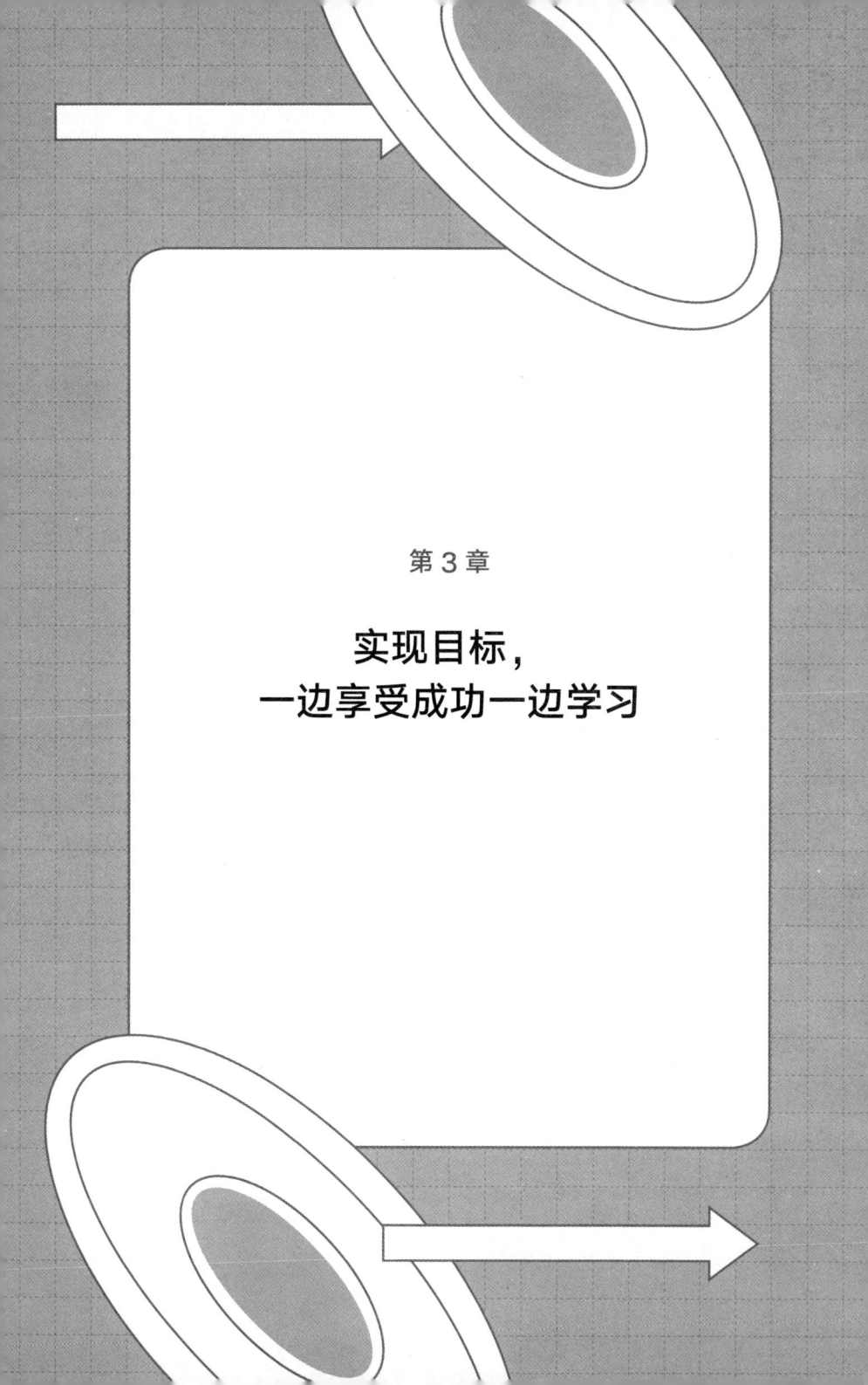

实现目标,
一边享受成功一边学习

导读 摆脱无效忙碌的目标达成法

能否在繁忙的工作中保持竞争优势并取得成果，关键在于我们采用的学习方法和时间管理方法，这比聪明更重要。

然而，学校不教授学习方法和技能，我们需要以自己的方式建立自己的学习方法。我经常想："我之所以能取得好的成绩，不就是因为我的学习方法恰好是正确的吗？"无论如何，这都不是一件坏事。我们可以通过博览群书，聆听身边前辈的经验，找到适合自己的学习技巧，这样无论我们是否天资聪颖，都会取得丰硕的成果。

本章我会基于 LEAN 理念，介绍如何避免生活中的浪费，高效分配时间和精力，最大限度地提高工作和学习效果。

希望大家不要拘泥于原有做法，尝试一下从本章中学到的新方法。那些取得成功的人，都是愿意接受新事物的人。如果你正在为成绩和业绩的低迷而烦恼，那你更需要挑战一下新的方法和习惯。另外，降低挑战新事物的门槛也是成功的重要因素。

第 3 章　实现目标，一边享受成功一边学习

将 LEAN 思考方式融入学习

一直以来，不管有多忙，我都不会拒绝朋友的邀请或者放弃尝试新事物。从中学时代开始，我就喜欢打网球，至今已经坚持了 21 年[①]。即使在我任职医生、写博士论文、准备眼科医生考试、为留学备考的时候，我也没有放弃，始终保持着网球与工作学习之间的平衡。

我的这种习惯早已有之。当我还是医学院学生的时候，网球部隶属于医学院和体育部，我每天都会坚持练习，但从未因为网球懈怠学习。在训练结束后，我会悄

---

① 本书的原版书于 2016 年出版。——编者注

悄地去图书馆学习。我在读研究生期间的平均学分绩点（Grade Point Average，GPA）是 3.8，在网球方面还获得了日本医科学生综合运动锦标赛冠军，并参加了全日本学生锦标赛。

在尝试平衡工作、学习与运动的时候，我始终牢记一件事，就是尽可能避免浪费和提高效率，从而"创造"时间。这种避免浪费和提高效率的思维方式被称为"LEAN"。

LEAN 思维方式源于制造业，它的本质在于对事物的看法和行动方式。这一方式是丰田汽车公司为了提高生产效率而提出的一种消除浪费和改善业务的方法，美国麻省理工学院的一位专家将这种方法命名为 LEAN。

> **LEAN 学习法五大构成要素**
> - 目标可视化，明确应该做什么和不应该做什么。
> - 避免浪费、创造时间，并专注于应该做的事情。
> - 反复改善、完善流程。
> - 让过程习惯化。
> - 着眼长远，感受小的成功，保持动力，持续 LEAN 的良性循环。

我们在 LEAN 理念中加入自己的重点，然后应用到学习方法中，就成了 LEAN 学习法。图 3-1 展示了 LEAN 学习法的五大构成要素。

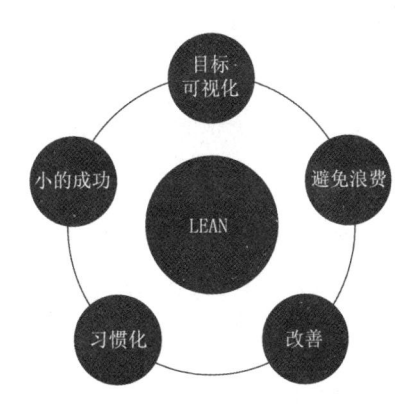

图3-1　LEAN学习法的五大构成要素

从本质上理解这些概念，创造出良好的环境，就是 LEAN 学习法，它对于高效取得重大成果是非常有用的。

对学习和工作来说，效率极其重要。尤其是为了能兼顾工作研究、家务育儿和学习新知识，掌握高效的方法就更加重要。但是，这样的高效学习法和时间管理方法是无法在学校学到的。

运用 LEAN 学习法的框架，可以避免生活中的浪费，有效分配自己的时间和精力，在重要的工作和学习上取得重大成果。能否在繁忙的日常中保持竞争优势、取得成果，与是否聪明、是否有能力相比，学习方法和时间管理是更重要的。

我可以很自信地说，LEAN学习法是能帮助你挑战世界的非常有用的体系方法。它不仅适用于像我这样的医生，也适用于那些每天在繁忙的工作中追求职业发展的商务人士。

LEAN学习法的核心是，独立地以自己的目标为方向去发现问题、制订计划、准确执行。它会改善我们的习惯，培养我们发挥智慧的能力、不断改进的能力，提高我们的生产率，为我们创造更多的时间、取得竞争优势。

LEAN学习法中非常重要的是"尝试去做"。当今世界日新月异，停滞即退步。不管是企业还是个人，如果无法每天都有变化和进步，就无法在竞争中取得优势地位。**我们要习惯通过变化获得成长**。因此，对于任何事情，我们都应该尝试去做、去实践。

如果别人向我推荐了新事物，我会去观察，如果感觉确实不错就一定会去尝试。我在读经管类图书的时候，如果看到了很棒的主意，就会尝试将其运用到自己的学习工作中。如果书中介绍了新的信息管理方法，我就会尝试运用，并在此基础上判断该方法是否适合自己，再做出取舍。这样，我便可以逐渐改善自己的习惯。改善绝不是什么特别的事情，而是在日常生活中稍微注意和思考一下就可以做到的。

通过实践LEAN学习法，我们可以掌握改善的具体方法，只要坚持下去，就能找到实现目标、挑战世界的捷径。

将目标和任务可视化

LEAN学习法强调，为了避免浪费并专注于该做的事情，我们要重视将目标和任务可视化这一步骤。

通过目标可视化，我们可以整理出自己认为必须做的事情，并加深对它们的认识。由此，就会衍生出一定要实现这个目标的动机，这时再行动就容易了。

此外，人天生希望受到别人的褒奖，我们可以通过目标可视化，创建"不能偷懒的环境"。通过向周围人分享我们的目标，还可能会增加别人向自己主动寻求合作的机会，并且可以和有相似目标的伙伴一起切磋、努力。重要的是，要在我们内心建立并持续这个循环。只有这样，才可以自然而然地实现很多目标。

因此，为了高效地实现目标，让我们共享、可视化我们的目标和任务吧！

将目标可视化之后，再来考虑目标定位化，使其能够立刻被看到。**将目标置于一个固定的、十分显眼的位置，这样你就可以快速确认目标，从而提高效率和连续性。**

一直以来，我都把我的10年目标写在手账本上，并把每天应该完成的任务和目标记在手机里。

即使是我们自己设定的目标，也有可能会在日常工作和生活中忘记，或者变得模糊不清。因此，通过目标可视化、定位化，我们可以随时确认自己应该做的事情，并创造出可以避免浪费时间的良好环境。

我之所以在手账本上列出10年目标，是因为虽然笔记本电脑和手机方便，但是除非按照自己的意愿检索或者往回翻，否则就看不到旧的记录，它们被数据埋得很深；而写在手账本上就可以随时翻到记录的目标，也便于和上一年的目标做对比。

我每年都会在岁末年初更新10年目标，因为我们写在手账本上的内容都是对自身想法的总结，所以我非常推荐用这个方法进行思考和记录。

第 3 章 实现目标，一边享受成功一边学习

将目标可视化、定位化的具体方法是，我们先要设定 10 年目标，与此同时，定期更新简历，如第 1 章所述。因为 10 年目标是长远规划，而更新简历则有助于我们了解自己短期的成长情况。

通过涟漪效应提高动力

涟漪效应（ripple effect）描述的是小石头落在液体表面时激起涟漪向外扩散的现象。我们利用涟漪效应可以有效地实现可视化目标。

假设你在社交媒体上或者在朋友面前宣布了你的目标，有的朋友觉得这个目标真不错并为你点赞，你的目标就会通过连锁反应被其他的朋友得知。通过这样的涟漪效应，你所设定的目标就会被越来越多的人得知，由此，你会更有动力去实现这个目标。

2014 年，支持肌萎缩侧索硬化（amyotrophic lateral sclerosis，ALS）的冰桶挑战赛在各社交平台上迅速传播，再次印证了社交网络的爆炸式传播能力，社交网络的涟漪效应有着巨大的能量。越多的人了解我们的目标，我们就会有越多的机遇。

我们还可以利用面向职场人的社交平台"领英"（LinkedIn），将你正在做的事情和你感兴趣的事物可视化，得到一些平常难以获取的、有价值的信息。我有很多这样的经验。比如，有人通过领英与我交流关于眼科新药的调查，我还收到了我所运营的综合法人协会日本全球医疗职业支持协会赞助商发来的消息。

如果我们可以创建如图3-2所示的循环，就会产生涟漪效应。涟漪效应既能提高我们的动力，也能帮助我们收获平日很难得到的关键信息。

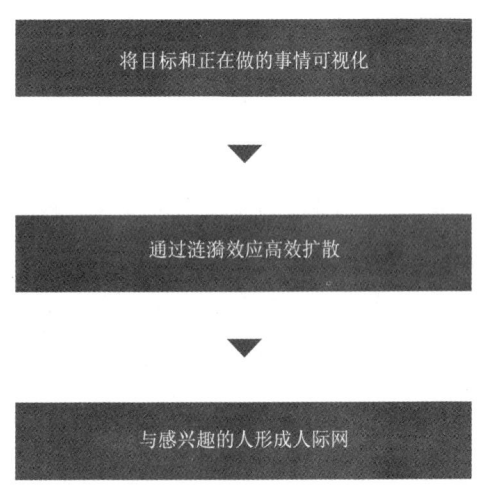

```
将目标和正在做的事情可视化
        ▼
  通过涟漪效应高效扩散
        ▼
 与感兴趣的人形成人际网
```

图3-2　目标达成和涟漪效应

不过于追求完美

我们时不时会见到在工作或学习上追求完美的人。当然，我们的最终目标都是完美，但是如果从一开始就局限于完美，就容易在不明白的地方钻牛角尖，在错误的纠正和印象的修正上花费很多不必要的时间，这样会导致工作止步不前。因此，我一直以先做到80%为目标去努力。这样，即便在马上进入最后阶段的时候被上司指出欠妥之处，也还有时间修改。

如果从一开始就按照自己的想法做到近乎100%完美，在上司指出需要修改时，我们会火冒三丈，觉得"为什么不早点跟我商量"，当然还需要花更多的时间去修订。

学习也是一样，过于追求完美，一定无法在考试之前把考点全部看完，肯定有人有过这样的经历吧！要先带着"即使背不会也没关系"的想法，把考点浏览一遍，然后重点复习不擅长的部分和重要的内容。

一旦从整体上把握了学习的总任务量，就可以避免时间的浪费，从而展开高效的学习。如果考试之前还有时间，那就可以追加学习，以取得更好的成绩。总之，不要追求完美，而是先把考点浏览一遍。

希望大家不要从一开始就追求完美，可以先以80%为目标，然后分阶段逐步完成100%的目标，这样既能避免浪费时间，也提高了效率。我们一定要在努力的过程中关注自己的进步，每一次小进步都可以提高动力，让我们通过不断的积累最终获得更好的成绩。

有效学习历年真题和教科书

只要学习，就无法避免考试。为了成为一名医生，我通过了日本国家医师、专业医师等多项考试。接下来，我会介绍一下我的备考技巧。

我会从解决历年真题开始，也就是摸清历年题目的倾向和风格。**因为之前的题目中往往包含着重要的内容。**

其实，只要我们站在出题人的立场上思考一下就能明白，大多数题目都是为了考查希望你记住的部分和被认为是重要的本质内容，所以以往的试题中总是出现类似的题目。

因此，我们需要先分析过去几年的真题，重点学习必考内容，这样做更有效率。通过分析往年真题，我们还可以查漏补缺，然后逐渐拓宽知识面。

我们应至少分析过去3年的真题，如果有时间请分析5年的真题。如果能分析过去3~5年的真题，就可以掌握出题范围中最重要的精髓了。我们在分析真题的时候，遇到不明白的地方可以通过学习教材理解。为了能靠一己之力理解，我们会反复思考学习，其实这就是高效备考、通过考试的关键。

分析真题，重点关注易错问题

接下来介绍一下我分析往年真题的方法。我会用"〇"标注我一看就会的题目，用"△"标注花点工夫才能解答出来的题目，用"×"标注做错的题目。

我在复习的时候，会跳过标注了"〇"的题目，复习其他题目。在第一遍复习时，遇到不明白的问题马上参考下答案也无妨。在第二遍复习的时候，就要尝试自己去解决标注了"△"和"×"的问题，如果这一次没问题了就标注一个"〇"，如果再次做错就再标注一个"×"。在第三遍复习时，就重点解决标注了两个"×"的问题。到了这一步，叠加"×"的题目就会越来越少。在第四遍复习时，再重复前面的步骤。如果时间充足，这样做就可以解决所有的问题。复习到第五遍时，就能在很短的时间内解透所有题目了。

所以，分析往年题目可以帮助我们改善学习步骤，重点解决易错问题。

透彻理解"王道"教科书

因为知识不足，可能从一开始就解决历年真题会非常困难。但是，在第一遍复习结束，理解了考试范围中的重要内容后，我们再去学习教科书的效率就会有所提高。

当然，有的人一定要从头开始、按顺序学习。但是采用这种学习方法，我们就在重要和不太重要的内容上投入了相同的时间，导致学习效率变低。**其实，学习能力就是一种会选择、能理解重要内容的能力。**

另外，请大家停止去购买各种各样的参考书，你需要的只是那本被视为"王道"的教科书，然后把它研究透彻。

考试范围中的重要内容在很多参考书中会重复出现，所以即使你已经记住了重要内容，但是新买来的参考书中又出现了相同的内容，你便不得不去重复记忆，这样就浪费了很多时间。

也就是说，如果我们看的参考书太多，只会浪费时间,导致学习低效。所以,请大家针对每个科目只锁定一本"王道"教科书,然后将其钻研透彻。

不要从第一页开始做习题

安排学习需要优先级,反复学习已经掌握的内容毫无意义。 对于忙碌的职场人士来说,优先学习重要的问题和自己不明白的问题至关重要。而决策能力对于确定优先级是不可或缺的。

例如,在做习题集时,我不会从第一页开始依次解题,而是从重要的部分开始。而且,我不会重复第一次就解对的题目。如果你必须从第一页开始依次去解题,那么在第二遍复习时,只做错的题目也未尝不可。

因为如果每次都从头开始,那么就会一直重复前半部分,后半部分的内容就会很薄弱。即使我们在模拟测试中有足够的时间去检查答案,也应该从中间开始,然后回到开头的题目,这样才能够不漏掉任何一道题目。

当然,在刚开始的时候,我们可以从头开始将习题集做一遍。但在接下来的学习中,请大家专注于那些自己不擅长的部分,这样才能避免不必要的重复。

巧用荧光笔

我们有必要重新认识一下荧光笔。虽然很多人在学习的时候都会用到它,但是有的人在学习时只注意用荧光笔做了标记的地方,却忽视了这些部分与其他内容之间的关系,所以对这些人来说,荧光笔并没有得到有效利用。

确实,我们不可能仅依赖标记来记忆,但是标记会提高我们的专注力。这就是为什么比起全书内容,我更容易想到做了标注的地方。

换句话说,我们是在使用标记法略读。所谓略读,就是在快速阅读的同时,有效地选择重要内容并记在心里的方法。

我经常用荧光笔把教材画得很乱,因为我要读两三遍。在读第一遍的时候,一边略读一边用黄色荧光笔标记重要内容,解决留存的疑问。在第二遍时,使用粉红色的荧光笔复习,那些被标注了两次的地方就会变成橘黄色,也就意味着那是两次学习时,我都认为很重要的内容。新追加的粉色标记,则是解决了上次的疑问后新发现的重要内容。这样,我就可以记住重要的内容了。

利用博客提高输出能力

我们在备考时需要写小论文或大论文，在工作中需要提交文件，所以写作能力是不可或缺的。我推荐大家利用写博客或者写日记的方式来锻炼写作能力。

即使我们写的文章很短也没关系，但是一定要按照起承转合的思路去写。公开的文章要求易于理解，因此要依据逻辑思维去创作。另外，为了创作一篇完整的文章，我们要先完全理解文中提到的内容。在这个过程中，我们就可以提高理解事物的能力。

如果我们每天都能坚持写博客、记日记，一年之后就可以写出很多东西。渐渐地，我们写博客或日记会越来越高效，也就能做到在短时间内完成创作。我们的文字输出能力就这样得到了提高。

我在 2012 年进入哈佛大学以后开始写博客，大胆记录了许多现在看会觉得很害羞的事情。我就是在"公之于众，得到反馈"这种力量的鼓励下坚持了下来，提高了写作能力。

另外，在社交媒体上用英语发布动态也是练习英语的好机会，而且可以通过朋友的反馈确认自己的英语是否通顺。总之，用自己的语言记录自己理解的内容，是非常好的输出练习。

细想之下，不仅是论文，考试其实也是对学到内容的输出。请大家在学习中时刻保持输出的意识！

每天跟进待办事务列表

很多人都在使用待办事务列表，我也是其中一员。我会管理添加的任务，而很多人仅仅满足于填满任务，列表徒增却不予管理。

有一个减少待办事务的小窍门：每天把其中的内容推进一点。 即使缺乏干劲，也要在当天执行一下待办事务列表中的任务。

假设我们有一项写论文的任务，这确实是一件需要时间的艰巨任务，谁都有不想写的时候。但是，起码我们要先打开电脑，哪怕写一两行也可以。如果动笔之后依旧毫无动力，再把这项任务留到第二天。"虽然少，但我也做了"这种感觉是十分重要的。

进入状态是最花费时间的。我们好不容易制订了学习计划，可是启动"发动机"却非常困难，不知为何总是下不了决心，一直拖拖拉拉。即使在这种没干劲的时候，我们也要有"即使少也要做"的心态，这是降低起步门槛的窍门。提前开始，可以更快地着手学习，有效地达成目标。

这样做可以防止没有执行的待办任务堆积成山，以免我们以为把任务加入待办事务列表就万事大吉了，最终却没有完成。

使用"先进先出"原则管理待办事务

大家有没有听过 FIFO 一词？它是在资产评估时会用到的词语，是"first in, first out"的缩写，意思是"先进先出"。在会计学中，它是一种按照先入库先发出的原则，以入库存货的单价计算发出存货成本、预算资产的方法。

我在整理学习任务和目标的优先级时也会采用 FIFO 法。先进先出原则其实就是一种防止库存积压的机制。

如果能创建一种不累积工作的机制，缩小"增加"和"完成"之间的差距就会变得容易，也会带来工作效率的提高。这样的机制有利于同时处理多项工作、实现多个目标。

在待办事务列表中，一定要在任务旁边注明开始日期和截止日期,使任务表看起来井井有条,如图3-3所示。

我们在一边工作一边学习的时候,会不断发现需要读的书,也会不停地浮现出新的想法。这种时候一定要记录下来,比如"背诵200页托福单词(2015年5月21日开始,2015年5月30日截止)"。

FIFO法

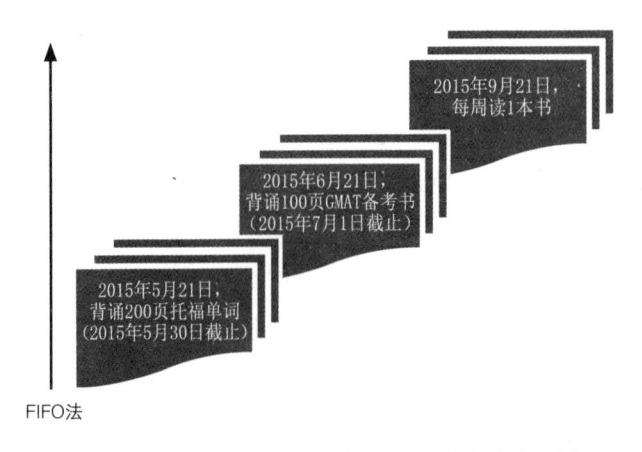

图3-3 采用"先进先出"原则管理待办事务列表

通过待办事务列表管理任务的好处在于,我们可以通过标注的日期一目了然地看到目标创建时间,从而更充分地应用FIFO法。将目标仔细分类并设定时间,可以让我们的时间利用更加高效。

通过FIFO法,我们可以掌握要学习的内容和目标是如何产生、如何被管理，又是按照什么顺序去实现等这些流程。如果能为 FIFO 法创造良好环境，依据"先进先出"原则学习和工作，我们自然而然就会发现需要做的任务和工作，减少时间和精力的浪费。最终，我们可以同时完成多项工作和目标，收获丰硕的成果。

除了 FIFO 法外，还有 LIFO 法。LIFO 即 "last in, first out" 的缩写，意思是"后进先出"。LIFO 法还保留着很多旧的东西，许多信息和方法可能会随时间推移而过时。

从会计学的角度来说，在预算资产的时候，相比 FIFO 法，有时 LIFO 法对公司更有利。但是在考虑工作和目标达成方面，除非有特殊原因，我还是推荐采用先进先出的 FIFO 法来进行任务管理。

不过，在学习方面，有时采用 LIFO 法的效率更高，因为在我们的大脑忘记知识之前复习的效率会更高。如果是为了备考，从最后一课开始复习会更有效，因为我们对最后学习的内容还有一定印象，这样可以比较高效地推进最后一课内容的学习。

因此，并不是所有情况都应该采用 FIFO 法，也要灵活运用 LIFO 法提高效率。**最重要的是采用着眼于时间的任务管理法来保证学习效率。**

不要在学习上吝惜金钱

我从不会在学习上吝惜金钱，哪怕要买比较贵的教材，哪怕要去很远的地方参加学术会议，只要一想到这是对自己未来的投资，我就不会犹豫。读书也是一种修养的积累，所以我毫不纠结地买了很多书。

在美国读 MBA 的学费是 2 年 9.4 万美元（约 1 000 多万日元），的确很贵，但是我依旧决定即使向父母借钱也要去。

为了省钱放弃读书其实是一种无稽之谈，因为知识的匮乏会导致我们不懂得正确使用金钱，反而会浪费金钱。

从长远来看，为了学习花钱，我们既可以增加知识、提高修养，还可以学会如何管理资产。**知识和修养不同于金融资产，一旦掌握就不会再忘记，我们会终生受益。**

而且，越早开始学习效果越好，因为我们学到的知识会产生复利效果，它们会随时间的推移加速增加。总之，教育是最高效的投资，因为将来我们会获得几倍的回馈，所以请不要在学习上吝惜金钱，而要把它当成对自己的未来的投资。

另外，在学习新工作的相关知识时，通读有关图书是最高效的办法。当我要学习一个新领域时，我会一口气读5本相关的图书；当我想研究一种病症时，我会读4~5篇与其相关的论文。由此，我就能够了解该领域的基础知识，并能掌握其大概的发展动向。

在通读的时候，我们只要浏览一遍就可以了，不需要考虑重点，因为重要的关键词会反复出现在不同的书中。读了几本书之后，我们自然而然地就能记住那些基础知识了。

培养个人素养

为了在挑战世界的过程中崭露头角，我们不仅需要学习目标管理法、时间管理法、学习技巧等，也需要培养素养。这是我们做人的根基。

遗憾的是，素养不是与生俱来的，也不是能在某一天突然掌握的，而是在做领导者的过程中不断积累经验、在饱览群书时不断提高认知，一点一滴逐渐养成的。也就是说，一个人素养的培养需要日积月累，无法靠速成法养成。

素养无法一日养成

提及学习方法，人们很容易只关注避免浪费、提高效率，本书也用很长的篇幅介绍了学习方法。但是，还有无论采用多么有效的方法也无法掌握的东西，那就是素养。

素养代表着一个人的人生和经验。如果成为领导者之后才注重培养素养，则为时已晚。

其实，我认为高效养成素养也有途径，那就是倾听和读书。每本书都是作者的人生浓缩，我们用 2 小时就可以把作者数十年的经验读完，所以这 2 小时怎么可以节省呢？

在商业领域，即使模仿同行业其他公司的先进战略，也不能轻易地通过二次创造来抢占市场份额。但是，前辈的大智慧和优秀理念并非如此，我们可以快速地参考、尝试。

那么，你每个月读几本书呢？据统计，读书的人和不读书的人的年收入与其阅读量呈正相关。虽然不知道是高收入的人读书多，还是读书多的人加入了高收入人群，但是通过读书占据竞争优势的可能性还是很高的。

我推荐大家在读书之前先设立好目标，比如我设定了以下 3 个目标。

每个月读6本书

我从做实习医生开始，就给自己设立了每个月读 6 本书的目标，一周读 1.5 本书，一年读 72 本书。即使是很忙的人，也可以实现这个目标。

我并没有限定阅读范围，从启蒙书到历史书我都会看。另外，我不会只读不思考，在浏览了感兴趣的书以后，一定会实践作者推荐的办法。我通过这样做，努力从作者的经验中汲取了对自己有用的内容。

浏览畅销书

浏览排行榜上的畅销书，可以帮助我们在建立人际关系网时创造话题。

每月确定一个主题

这个月读 6 本历史书，下个月读 6 本商务谈判类的书，每个月集中阅读同一领域的书籍。这样会看到相关事情的全面的解释说明，可以提高我们的理解能力，高效吸收相关知识。

在读书时，尽量不要读无用的书，这一点也很重要。这里说的"无用"，是指无法为自己增值。

其实原本并不存在无用的书，只是相对而言，有一些书无法为自己增值。一直以来，我都会尽量选择和自己的行业、业务领域有直接关联的书去读。另外，为了提高综合素养，我也要读其他不同领域的书，这时我会优选经典名著。

为了实现大量阅读的目标，速读是不可或缺的技能。在同样的学习任务和阅读量面前，能不能速读会让效率出现天壤之别。而速读能力只能通过多读文章培养。

速读的一项重要能力是略读。"略读"一词因从信用卡磁卡中提取信息的犯罪手段而被大家熟知。每篇文章当中都必定有一部分重要的句子，从文章中有效提取并理解这部分精髓内容的能力被称为略读。我一直都在采用略读的方式来阅读图书。

我们在略读一篇文章的时候，不管是速读还是慢读，理解程度并不会产生多大差异，因为读书其实是一个非常机械的过程，所以采用速读法能节约很多时间。当然，复杂的内容和未知的事物另当别论。

另外，不加选择地阅读效率会很低，所以要预先想好读书的目的,这样略读的速度和准确性都会提高。总之,读书时目标明确、避免浪费时间对我们来说非常重要。

培养领导能力

我们通过不断学习、自我打磨,从而开启未来的职业生涯。这时,需要的不仅是成就,显然也需要很高的素养。培养素养除了接受良好的教育以外,掌握领导能力和管理能力也是不可或缺的。

一个优秀的组织致力于更好的发展,为了保持这样的企业文化,组织会建立相应的体制。为了能让员工信任经营者、让员工的行动与经营方针相匹配,组织需要具备较高水平领导能力和管理能力的中间管理层。但是,开发和培养这样的能力需要时间,应急的研修班无法培训出真正意义上的管理者。

让技术不达标的医生动手术,会被视为医疗事故。同样,让并不具备管理能力的人管理下属,也可以被视为一种经营过失了吧!

培养管理者的管理能力,不能仅靠组织自身,还需要在面向客户、员工的工作中培养。如果每个人都把自己看作是公司或者医院的形象代言人,就会向客户或者病人提供充满责任感的服务。

因此,培养领导和管理能力,在规划有发展前景的职业路径上是必不可少的。其实,我们身边有很多培养这种能力的方法,参加学生会和做志愿者也是不错的选择。

领导和管理能力是可以后天培养的,只是需要时间。所以,以备不时之需,让我们从日常中开始积累经验吧!

目标达成实践

留学哈佛大学的所见所感

肯定有人对哈佛大学医学院的研究员过着怎样的生活很感兴趣,其实他们的生活主要以工作为主,忙碌于做实验、实验室会议、学术会议发表、写论文、申请研究经费等。如果能有重大发现,就能获得专利,推进开发新药的进程。

通常,大家都会在星期一到星期五埋头研究,周末休息。我们必须明白,研究是没有终点的,不管你有多想做,也不管你能做多少,时间永远都是不够的。

2012年,我在哈佛大学Schepens眼

第3章　实现目标，一边享受成功一边学习

科研究所的 Dana 实验室工作，实验室有 18 名研究员。2014 年 12 月，实验室共有 5 位中国人、3 位印度人、2 位美国人、2 位伊朗人、1 位意大利人、1 位德国人、1 位日本人、1 位希腊人、1 位墨西哥人、1 位斯洛伐克人，简直就是一个全球化实验室。

有趣的是，大家的工作时间因国而异。基本上，中国人、日本人等亚洲人会留在实验室从早工作到晚。而让人吃惊的是，美国人基本在下午 5 点钟就回家了，周末也几乎不会去实验室。

美国人因重视家庭而按时回家，但是他们在享受了与家人团聚的时光之后，会在家里加班。日本人最重视工作，会以牺牲家庭生活的代价留在实验室加班工作。在美国人的心目中，家庭的优先度虽然很高，但他们绝不会懈怠工作。

在海外留学的日本医生中，有很多人会在周末和家人团聚，这是在日本国内无法做到的，也有人会不休息一直做研究。无论是哪一种方式，都是我们在日本无法体验的经历，所以都很珍贵。

顺便提一下，我是后者，我从早到晚就像睡在实验室里一样投入地研究。我的宿舍距离实验室只需要步行 5 分钟，我回去吃饭、洗澡之后，马上又返回实验室。对我而言，在美国做研究是人生中时间非常有限的经历，所以每一分一秒我都不想浪费。

第 4 章

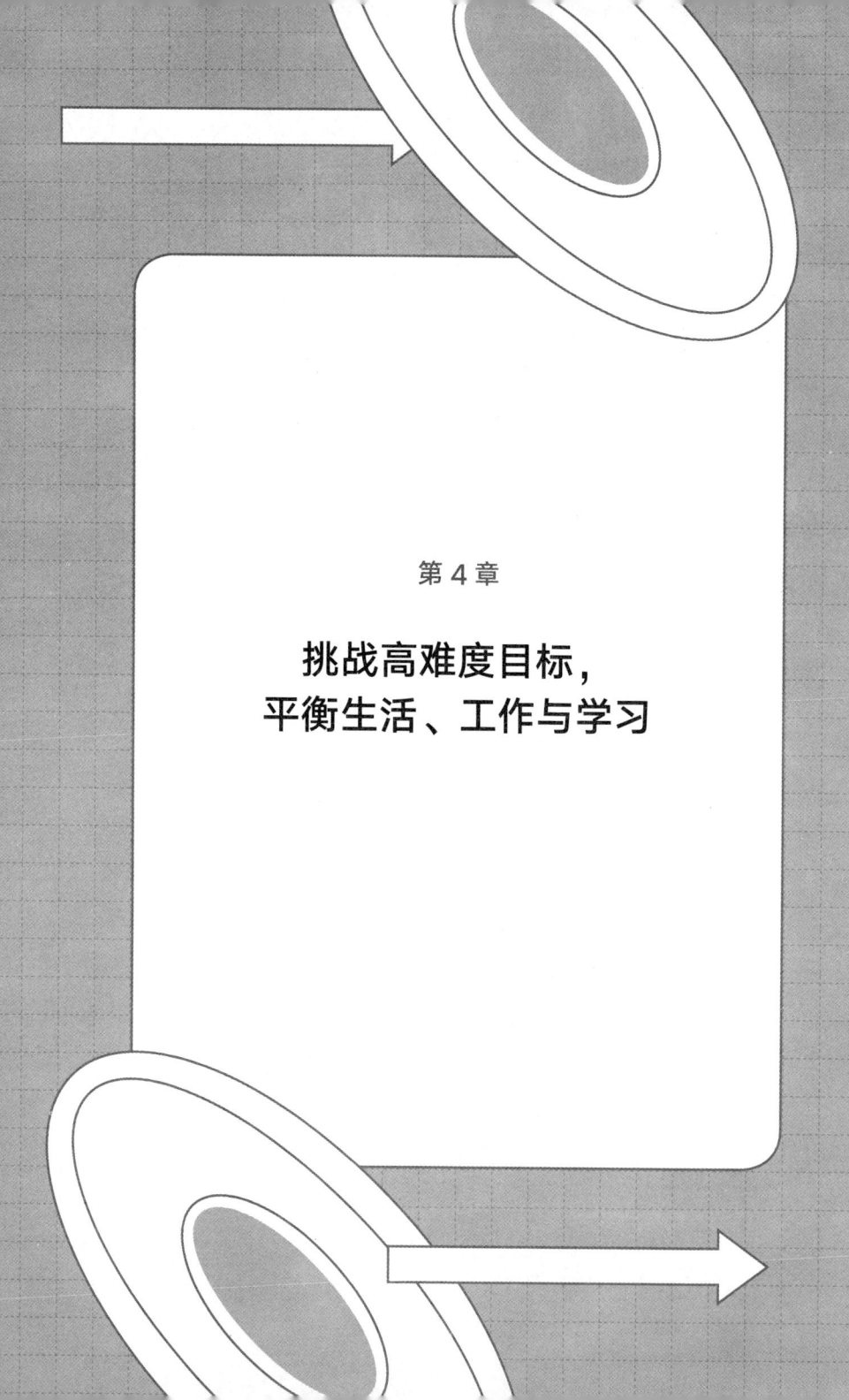

挑战高难度目标，平衡生活、工作与学习

导读 摆脱无效忙碌的目标达成法

能够撼动世界的领导者,他们是如何度过每一天的呢?

我在哈佛大学医学院和波士顿大学商学院度过的时光非常刺激,是我一生之中最辉煌的时刻。在实现了留学这个目标的同时,我看到了崭新的世界,强烈感受到了人生的使命。

在美国留学时,我感到在技术和环境方面,日本和美国并没有很大的差异,但是哈佛大学医学院和波士顿大学商学院里聚集着多样的人才,他们是代表着各个国家和地区的人才,每个人都充满了上进心,朝着很大的目标发起挑战。

在第 4 章,我将回顾我同时在哈佛大学医学院和波士顿大学商学院进修时不寻常的职业经历,并且分享挑战世界的领导者的想法,以及我从他们身上学到的学习方法、目标管理法和时间管理法。

第 4 章　挑战高难度目标，平衡生活、工作与学习

早期获得信任

在哈佛大学做研究时，我采用了"起跑就冲刺，早期获得信任"的方法。

在哈佛大学实验室，他们不会马上给像我这样的新人很重要的研究项目，因为没人知道我的实力到底如何、是否干劲十足。因此，我需要把自己的能力和干劲展现出来让大家知道。

我好不容易才来到哈佛大学留学，如果不主动争取，就会连项目都没有，那真的太遗憾了。还有一点，哈佛大学实验室奉行实力主义和结果主义，没有成果的研究员会被辞退。在全球化的工作环境下，让别人信任自己比什么

都重要。

我决定了要花 3 年的时间留学，并且我很清楚：无论怎么学习我的英语能力都无法与英语母语者匹敌。为了弥补这一点，我一直注意讲一些让听众感兴趣或者能引发共鸣的内容，并确保用英语顺畅表达。比如，我会牢牢掌握关于角膜移植手术和一种被称作流式细胞仪的实验机器的内容，力求比实验室其他人都更了解。

与此同时，我每天都最早到、最晚走，全身心投入研究。另外，我不会拒绝任何人的请求。

我们对一个人的评价都是慢慢积累形成的，如果能在早期阶段赢得周围人的信赖，获得好评，之后的工作就可以顺利推进，并且能够更容易地取得成果。

反之，如果我们从一开始就很松懈，当然无法赢得周围人的好评，可能会因此失去很多机会，陷入恶性循环。医学和研究也是一样，不管任何工作，没有团队合作就无法取得好成绩。

就这样，我赢在了起跑线上，在哈佛大学的研究生涯中，我担任了很多项目的负责人，度过了非常充实的生活。

希望大家在进入一个新环境之后，也能尽早获取信任，赢在起跑线上。

第 4 章 挑战高难度目标，平衡生活、工作与学习

灵活运用人脉

我没有商业背景，所以备考 MBA 的历程可谓一条荆棘之路。在会计、金融、战略等诸多科目中，我只在统计学方面有点竞争力。另外，题目都是英语，我做不到看一眼就理解。在备考的时候，我先学习了往年的题目，但对于很多问题，即使看了答案，也不能完全理解。

把我从这种困境中解救出来的就是人际网。我在遇到不懂的问题时，会请该领域的专业人士直接指导我。

我在遇到会计学方面的问题时，给国内的一位会计师朋友发了邮件。虽然我在美国，但是他依旧通过视频电话指导我。就这样，我高效理解了不懂的内容。

学习从来不是一个人埋头苦学，尤其是进入社会以后，靠单纯的死记硬背已经不能满足学习要求了。比起一个人学习，我更推荐向专家学习，那样会很快掌握容易理解的要点。

以我目前的所见所闻，在学业上获得较大成果的人都是在关键时刻能够活用人脉，通过相互交换有益情报协同共进的人。

这里所说的人脉不是指那些只见过一面的人，而是指那些在你遇到困难时会无私帮助你的人。这样的交情不是一朝一夕就能建立起来的，而是要花时间、精力，努力积累起来。

人际关系中，最重要的是相互扶持、互惠互利，也就是所谓的双赢关系。如果只有其中一方依赖它，它就不是一个真正的人际网。

你可能会认为"靠别人的帮助无法提升我们的实力"，但这是错误的想法。因为建立庞大的人际网所需要付出的时间和精力，也是我们实力的一部分。

还有一点也很重要，那就是平台即基础。**通过让自己成为平台，可以获得展示领导力的机会和组织安排的经验。**

请大家积极去做组织酒会和交流会的干事。干事要做很多麻烦的事情，比如安排会场、确认到场人数等。但是成为组织者也有很多益处，比如可以决定时间和场所、决定邀请对象，并能获得参加者的联系方式等信息。邀请一群有魅力的朋友聚在一起，并主持一次有高附加值的聚会，无疑会为我们提供难得的平台。

亚马逊公司以开发平台战略而闻名。亚马逊通过免费提供任何人都可以方便使用的购物网站，收集最新的市场情况，包括畅销品和有购买潜力的消费者的信息，来增加自己的利润。

为了成为平台，就要提供客户所选择的服务。亚马逊成功区分了免费送货服务和口碑（即客户评论）的差别，并成功吸引了实体超市的用户。

公司和个人是一样的。通过让自己成为平台，我们不仅可以满足周围人的需求，还可以提高自己的成就。

学习也可以让自己成为一个平台。具体来说，我们可以把学会的内容教给朋友，其实教别人出乎意料地难，如果我们没有理解，就不能给别人解释清楚。也就是说，教会朋友的过程也是确认我们自己是否已经牢固掌握的过程。

搭建一个可以获取信息和便利的平台，来提高我们的附加价值吧！

目的不是竞争，而是共同前进

考取资格证书然后出人头地，通过学习变身成功人士，这应该是我们每个人的梦想。然而，有一件事情我们必须清楚，那就是，成功并不是一个人独领风骚，而是通过合作分享，与他人互惠互助、共同成长。

在大学院校和公司组织中的直线领导者很多，因此会出现不能顺利横向展开研究和团队合作的现象。有时候，有的人还会因为权力交织，故意避开合作。

但是，哈佛大学一直都鼓励协调合作。在我所属的实验室，大家不管自己的研究有多忙，在别人有事相求的时候都不会拒绝，还会召开紧急会议分享信息和知识。大家通过协同合作来创造新价值、增加新成果、取得新成就。

协同合作是快速取得成就不可或缺的因素。学习也需要合作共进，合作不仅能帮助我们收集到更多的情报，还能为我们节约很多不必要的时间成本。

为了能让大家更好地理解"不要比赛，而是共同前进，这样才能相互成就"的意思，我来解释一下它的理论。

在与他人合作的时候，我们要决定自己采取什么样的行动，也要考虑其他人对这样的行动会采取什么样的反应和行动，这种分析相互依存关系的理论被称为博弈论。

理解了博弈论，就能明白为何协调行动可以提高相互的利益总和。我再来介绍一下以博弈论闻名的囚徒困境。

第4章 挑战高难度目标，平衡生活、工作与学习

囚徒困境

这是关于两个共谋犯罪、被关入监狱的人如何做出选择的理论。两名囚犯都有选择沉默或者认罪的权利，但不能互相沟通。在这样的前提下，如果双方沉默，那么证据不足，两个人都无条件服刑 1 年；如果双方均坦白，那么两个人都会被判有期徒刑 5 年；而当一方坦白一方沉默，坦白的一方将被无罪释放，另一方则被判决有期徒刑 10 年。总结上述条件，即：

- 双方都沉默 = 双方服刑 1 年。
- 一方坦白 = 坦白者无罪、沉默者服刑 10 年。
- 双方都坦白 = 双方服刑 5 年。

如果你是因犯，你会如何选择呢？

最理想的判断是第一种情况，因为如果双方都沉默，只服刑 1 年就可以了，这对两个人来说都是最好的结果。但是，这必然存在着被同伴背叛的风险。

这时候，如果不考虑对方的选择，选择坦白就会被判无罪或者面临 5 年的服刑，两种情况都比"自己沉默，对

方坦白"的情况下的服刑时间短。

不管他人采取怎样的战略，做出对自己而言最佳的选择，这种战略被称为支配性战略，因为这个战略是自己可支配的。而不管同伴是否坦白，只要自己坦白，服刑时间就短于10年。这种判断他们究竟应该如何做出选择的情况被称为囚徒困境。

但是有一种方法可以解决这种囚徒困境，那就是反复约定以后达成共识。假设两人在被监禁5年后再次面临同样的选择。这一次，他们在被抓之前就做好了约定，一旦被抓双方都要选择沉默，因为这对他们来说是最好的选择。

这样，双方达成共识、最终做出互利的选择，对他们来说就是最好的结果。

我们的世界看似是没有协调性的竞争社会，但我仍旧希望大家意识到，选择互相合作会增加彼此的利益总和。

创造非零和博弈

让我们再从其他角度来衡量合作的重要性。

零和博弈指赢家和输家的总和始终为零。比如，股票

第 4 章　挑战高难度目标，平衡生活、工作与学习

就是零和博弈，股票赢家和输家的总和始终是零。大部分体育比赛也是零和博弈，比如，在网球比赛中，有一方以 6 比 0 赢得比赛，而从另一方来看，则会变成以 0 比 6 输掉了比赛。这是因为有赢家就必然有输家。

在我们生活的社会中，每个人都在有着些许差异的不同领域中竞争，但竞争衍生出了双赢关系，而不是完全的零和博弈。

以英特尔和计算机公司之间的关系为例，二者之间其实是一种互补关系。如果计算机能卖出去，那么英特尔的产品也就能卖出去；反之，如果英特尔获得好评，计算机也会畅销。

我想传达的理念是"即便在竞争环境下，理论上依旧可以合作"。通过创造非零和博弈，就可以突破零和博弈，从而创造出巨大的成果。

在哈佛大学医学院的实验室，大家都在为了生存而激烈竞争。这是因为在美国，能否获得研究经费对研究人员来说是生死攸关的大事，而为了拿到经费，就必须发表比竞争者更多的高质量论文。

即使竞争如此激烈，大家的合作也依旧紧密，不过，当然是和非竞争对手合作。例如，我研究干眼症期间便与

细菌学实验室进行了合作。因为我属于眼科，眼科实验室和细菌学实验室不存在竞争关系，所以他们愿意帮我处理一些必要的检查和药剂。这样的合作就不会造成囚徒困境，而是对双方都有益的最佳选择。

在人生中，竞争对成长固然重要，但双赢能帮助我们获得更快速的成长。有时候，我们可能想通过排挤掉他人来赢得自己的成功，但请记住，真正重要的并非如此，而是对他人的贡献和与他人的合作。只有这样做，我们才能真正获得快速成长，并享受成长。

消化大量知识

在美国的商学院，课外学习任务相当艰巨，学生需要花费非常多的时间完成预习和作业。

比如，教学大纲中除了课程内容，还列出了必读的文献，连每2周一次的课程作业，这些也需要在2周内花40分钟以上的时间才能完成。如果不完成必读文献和作业，就没办法跟上课程进度，必须事先具备相关知识，才能吸收课堂内容，根本不可能轻轻松松学会。另外，还要完成配套的笔试，并且要提交报告。

第 4 章　挑战高难度目标，平衡生活、工作与学习

在这样的学习方式下，学生会被淹没在庞大的信息中。当然，大家不可能记得住所有内容，所以要学会略读文本并提取重点。

这种能力在商业领域也很有用。因为随着互联网的普及，我们生活在信息泛滥的世界，这就需要我们必须高效选择，做出取舍。

我们在消化大量知识的过程中，会提高自己的能力，而且将数量庞大的输入转化为输出，还锻炼了筛选信息的能力。

利用故事记忆

在商学院，大家讨论的材料是 10 页左右的案例研究论文。其案例都是在企业里实际发生的事情，记录的信息非常详细，看起来只读一次根本无法理解。

但不可思议的是，虽然是信息量庞大的案例，但大部分人只要看过一遍就不会忘记了，因为案例研究采用了讲故事的风格。

人的大脑会忘记单词等这种琐碎的信息，但是，当信息和信息串联在一起就不会容易忘记了。就像案例研究论文一样，把内容故事化以后就很容易记住。

学习也一样，不要一味地背诵，而是要记住场景和当时的感情。一边在脑海中想象着那个故事一边去学习，这样更不容易忘记。记英文单词也是如此，可以想象着艺人或者自己在扮演其中的主角。

利用备忘纸条和间隙时间

研究生院的作业量很大，要记住大量的知识非常困难。

在商学院，当考试临近时，大家都会制作备忘纸条，我也会把总是记不住的内容都写到一张纸上，或打印出来随身携带。这个方法非常好用，因为可以随时随地背一点，而且只靠间隙时间浏览几遍就能牢牢记住。

做笔记是浪费时间

我从来没有做过课堂笔记，因为一旦开始做，就想整理得规整漂亮，那就变成了为做笔记而做笔记。在课堂上专注于做笔记，会忽略对内容本身的理解。

退一步说，即使我做了笔记，之后很可能也并不会去看。如果需要反复翻看，倒不如直接买一本参考书，然后在上面补充添加，就会成为一本很好的笔记。参考书还有一个优点，就是书上写着索引和目录，在复习的时候可以直接找到相应位置。

我们可以在参考书中补充自己调查的内容和课堂上学到的东西,把它做成一本专属于自己的书。

重视预习

美国大学对课前预习的要求非常严格,老师们会在学生预习的基础上讲授,所以在课堂上会直接提出"你对这一部分有何看法"这样的问题。

作为学生,如果没有做任何预习准备,不仅会因无法回答而感到惭愧,还有可能会因该门课的分数过低而挂科。

我在日本读大学的时候,以课后复习为主。我为了通过考试会认真复习以前的题目,只要复习了就总能通过考试。

事实上,这种方法效果很差,对于时间充裕的大学生来说另当别论,但对已经工作的社会人士来说似乎并不合适。因为虽然也认真听课了,但是效果很差。

我参加工作以后采用的学习方法是:浏览历年真题,预习,课堂上记住重要的部分。这个方法可以帮助我知道课堂上哪些内容重要,要集中理解哪个部分,在课堂结束的时候，我基本上就记住了该记住的内容。

作为社会人的你们，是不是因为忙碌总是没有时间复习呢？所以，我建议大家做好课前预习，尽量在课堂上就掌握需要记住的知识。

通过发言打磨自己的意见和想法

医生和研究者需要参加很多场被称为学会的大型会议。日本眼科学会聚集了很多眼科医生，大家会发表自己的研究内容、分享最新的研究发现。海外的学会则被称为国际学会，聚集着来自更多领域的更多人才。

学术会议的规模大小不一，从只能容纳50人的小会场到能举办音乐会的大会场都有。有时候，我们必须在几百人的面前发言。

我一直要求自己必须在学术会议上发言，这是因为通过多次发言和演讲可以打磨我的观点。

另外，在聆听其他老师演讲时，我一定会提问，这也是有效利用会议的一个方法。只是坐在那里听并不能称为参加会议，只有参与了讨论，参会才有价值。而且，提问还可以提升自己的理解力，我们会逐渐善于思考为什么，并且进一步思考事情的逻辑或者过程。

保持"为什么"这种勤于思索的态度，能够让我们从死记硬背的学习阶段中走出来，进步到思考事物本质的深层次学习阶段。

不管在哈佛大学的实验室，还是在波士顿大学商学院的讨论中，我都给自己定了一个要求，那就是必须至少提问1个问题。这样，开会时我就能集中注意力。虽然一开始只能提出1个问题，但慢慢习惯以后就能提高发现问题并提出问题的能力，也就能活跃地参与辩论了。

另外，坚持在会议上提问，也是自我展示的一个途径。比如，在大型会议或者学术会议上发言，可以让聚集在此的诸多名人专家认识自己。

可以说，没有比会议更难得的机会了，所以我们不能浪费，要积极发言，打磨自己阐述观点和想法的能力。另外，也要保持探究"为什么"的精神，培养思考事物本质的能力。

享受海外留学

通过海外留学，我明白了向他人传达并使其理解我的想法多么重要。这一过程中需要的并不是日本式的刻意迎合，而是将自己的意见传达给对方的能力。

集体讨论是欧美人的一种习惯，这种形式不止出现在商学院的课堂上。有趣的是，尽管大家经历了火花四溅的激烈讨论，尽管在讨论中会毫不留情地反驳对方，但是结束的时候，大家都感到很畅快，也绝没有一丝芥蒂。这就是欧美式的做法。

海外留学的经历会让我们想更多地了解自己的国家。之所以这么说，是因为绝大多数优秀留学生都代表着自己的国家，大家在初次见面、自我介绍的时候，也会互相介绍自己的国家。往往正是在被问及自己国家的历史、宗教或文化等问题的时候，我们才意识到自己的无知。虽然我们身在异国留学，但也借此回望祖国。这样的经历会让我们深刻地感受到不了解祖国就会在异国丢脸的道理。

在商务场合，一个人的素养总会被审视评价。具体而言，就是这个人是否理解自己的文化背景。若是我们对自己的祖国、故乡的相关历史都不甚了解，就会被认为没有素养。试问，一个连自己国家都不了解的人，又怎么能去理解别的国家呢？

在美国的留学生涯中，最辛苦的其实是应对生活中的

第 4 章　挑战高难度目标，平衡生活、工作与学习

各种琐事，尤其是单身公寓（相当于日本的高级公寓）的租借和保险报销事项。身处一无所知的环境中，我们必须独自去做那些不得不做的事情。在日本我完全不必在意医疗保险，而在美国必须自己决定是否购买。在我们想平衡学业和工作的时候，这些烦琐的事情会给我们带来比想象中更多的麻烦，不过，我们也能借此培养在祖国生活没有机会锻炼的独立性。

可能有些人担心留学后的异国生活十分寂寞。事实确实如此，在没有亲朋好友的异国独自生活，与难以忍受的孤独感战斗也是必然的，但是你的朋友会渐渐变多，并且从人生的角度来看，也许这段独处的经历才是留学带给我们的最大收获。

我认为，留学的 3 年是一场我与孤独、学习、研究的战斗，也是我得以重新认识人生目标的重要时期。留学前和留学后所看到的未来的可能性简直判若云泥。先着眼于自己的最终目标，然后逆向推测自己将会面临的问题，这样就可以明确我们应该实现哪些小目标了。

至于留学的乐趣，最多就是和当地人的交流了。我们可以利用周末派对、体育运动或者酒会，与当地人交谈，常常会交到超越文化的真正朋友。我在波士顿时参加了地

道的美国圣诞节派对，也在网球大会上体验了美国的体育精神。我通过网球大会相识的友人，比我在职场和学校里认识的朋友关系还要好。

要说留学的其他乐趣，那就是从留学地出发前往其他地方旅行。比如，如果在美国留学，可以去南美洲的巴西或秘鲁等；如果在欧洲留学，可以一次游历好几个国家。利用好寒暑假，花费相对少的钱就可以去看极光或周游加勒比海。

在留学后，不知不觉之间我们面对许多挑战的门槛就会变低。因为留学中的每一天，我们都在不停地对新事物发起挑战。未曾尝试过的料理、从没参与过的运动项目、全新的另一种文化……我们就会明白，至今在回避的所有事情、没尝试过的事情，都可能是将要面临的下一个挑战。多次经历了在异国他乡的成功挑战，我们会发现挑战也不过如此。

远离舒适圈

在哈佛大学留学的前 2 年，我从最初一无所知的艰难境地中走出来，慢慢习惯以后，才终于觉得生活舒适。确

第4章 挑战高难度目标，平衡生活、工作与学习

实，我学到了许多技能，也提高了工作和学习的效率。

但是，在找到舒适圈后，我还是毅然决定尽力去改变舒适的环境。**在舒适圈里很难收获新的东西**。刚到美国的第一年，生活大变动的前几个月，是学习和记忆各种东西的最佳时期。在你涉足某个新领域时，学习和吸收的知识量才是最大的。

到哈佛大学差不多2年后，我才将必须记住的东西大致记了下来。我也想过，这样就能轻松地做研究了吧。然而，在这时迎接新的变化和挑战才尤为必要。所以，我决定回到日本。

当然，最常见的情况其实还是"已经习惯了，难以改变当前的工作"这种想法。在这种情况下，我们可以选择参加一些新的企划或者之前从没去过的社团等，这样，即使不改旗易帜换工作，也可以自己创造出全新的环境。

总之，不要习惯性地躲在舒适圈中，而是去挑战新的环境，咬紧牙关加速成长吧！

> 成功人士的目标达成法
>
> 对话哈佛大学学生、职业足球运动员
> **小林宽生**

哈佛大学的学生们是怎样管理自己时间的呢?

哈佛大学的大学生约有 6 700 人,但一个学年内来自日本的学生不超过 3 个。这次,我们采访了在哈佛大学应用数学系就读的小林宽生,他平时还积极参与足球社团活动,我们来看看他如何平衡自己的学习和兴趣。

问:你为什么选择进入哈佛大学?

答:其实一开始我被哈佛大学的足球社团教练看中了,以此为契机,他们建议我去哈佛大学看一看,于是我就抱着参观的念头来了。那时我借住在足球社团的前辈家里,亲身体验了哈佛大学的学生生活,包括班级和校园的氛围,我对每天的宿舍生活、各种活动,以及体育建设的环境等都很中意,便将哈佛大学定为自己的目标。真正进入哈佛大学以后,我也切实地感受到它真的是一座很棒的大学。

问:看起来哈佛大学的学生很擅长平衡学习和体育活动,

第4章 挑战高难度目标，平衡生活、工作与学习

那你是怎样安排时间的呢？

答：在训练日，足球练习加上在路上的时间、换衣服及洗澡等大概要花4小时。举例来说，假设处于赛季，我早上9点起床，10~14点都在上课，然后15~19点会去踢球，吃过晚饭之后再写作业，就这样过着每一天。

问：美国的大学老师都会布置很多作业，如果参加社团活动，我想学习方面也会相当紧张。那么你是如何进行时间管理的呢？

答：谁都会在时间管理方面焦头烂额。不过哈佛大学通识教育体系有一点很好，就是在这座大概有6 700名学生的学校，绝大多数人都选择了住宿。所以要是有什么不明白的地方，可以直接敲隔壁班同学的门，我想，和朋友协作是高效率完成作业的关键。

另外，由于我是运动员，所以会特别注意保证7小时的睡眠。有一位前辈跟我说"不要觉得不眠不休的学习显得自己很帅，那只能说明你不会管理时间，这其实让你看起来很蠢"。所以我尽力不削减自己的睡眠时间用于作业。不过，考试季之前不会那么轻松，熬通宵然后去参加考试也是常有的事。

问：原来哈佛大学的学生都过着这样的宿舍生活，想必这种有着浓厚的国际色彩的人情关系会大大提高学生的素养吧！

那么,请问小林,你未来的梦想是什么呢?

答:我最大的梦想是做与日本足球发展有关的工作。美国人,比如波士顿人,他们以红袜棒球队(Red Socks)、灰熊冰上曲棍球队(Boston Bruins)和新英格兰爱国者队(New England Patriots)等队为傲,这已经成为波士顿人的身份符号。我住在纽约的时候,大都会队(New York Mets)的球迷和扬基队(New York Yankees)的球迷泾渭分明,经常吵得不可开交,就像美国政党分为民主党和共和党一样。我希望有一天,日本人也能像他们一样认真地拥护自己的队伍。我希望日本的足球界有朝一日也能如此,这正是我努力的方向。

因此,我目前的目标就是哈佛毕业后先进入日本职业足球联赛(J. League)。因为我曾在日本职业足球联赛企业实习,还和川渊队长聊过天,他给我的建议是:"因为我有职业足球运动员的经历,所以才明白现在日本足球界的问题。我一路披荆斩棘才走到今天的位置。你现在也有这样的机会,请认真地以职业足球运动员为目标去努力。"听完川渊队长的一席话,我觉得在日本职业足球联赛的经历肯定有助于实现自己的大梦想,于是,我想成为一名优秀运动员的决心越发强烈。

当然,想成为职业运动员最大的原因,还是我对足球的热爱。我个人觉得,足球这项运动水平越高就越有乐趣,所以一

第 4 章 挑战高难度目标，平衡生活、工作与学习

想到自己能接触日本足球界顶尖水平的运动员，就会血脉偾张、无比兴奋。

至于我的目标管理方法，概括而言，就是"说出梦想"。这虽然只是我在波士顿打工的一家拉面店的店名，但我在这里学到了一点：实现梦想的捷径就是说出梦想。把梦想说出来，能提高我们对自己梦想的责任感与意识，支持我们的人甚至粉丝也会变多，而那些有着同样梦想、愿意帮助我们的人，也会自然而然地聚集在我们的身边。

问：作为哈佛大学的学生，在职场上应该会很抢手，为什么选择了职业足球运动员的道路呢？

答：确实，有着哈佛大学的标签，找一份高薪且稳定的工作也是一个不错的选项。不过，我从 7 岁开始接触足球，我的家人、教练、队友和朋友们一直非常照顾我、支持我，有了他们的支持，我才能一直做自己热爱的事情。

我在日本的时候是个足球少年，转学去美国纽约的高中后一边踢球一边学英语、交朋友，考大学的时候也没有因为学业繁重而放弃足球，在大学 4 年间也一直在踢球。我是一个只要能让我做自己热爱的事情就觉得很幸福的人。

临近毕业，第一次面对求职还是做一名职业足球运动员的选择，但以我的价值观来说，最重要的还是选择自己喜欢的事

情。另外，我对自己的梦想也有很大的野心。如果有一天能变成一个让我身边的人感到不可思议的人，能回馈他们，那就再好不过了。

小林宽生简介

1992 年 12 月 26 日出生，爱知县冈崎市人，初三时随家人移居纽约，2011 年进入哈佛大学应用数学系。2015 年 4 月进入英超发展联赛（Premier Development League），为凯特赛普美洲狮（Kitsap Pumas）俱乐部效力。

第 5 章

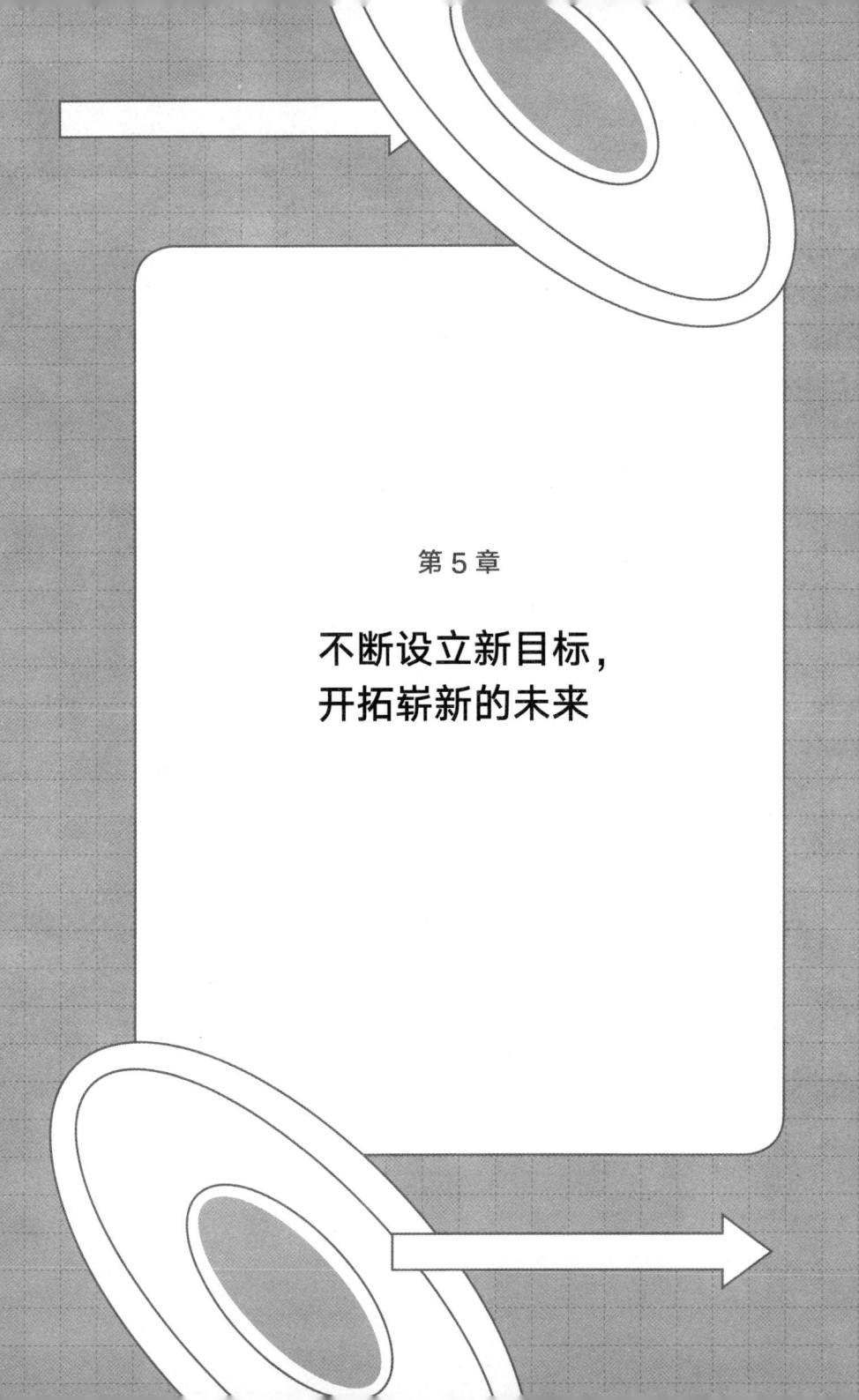

不断设立新目标，
开拓崭新的未来

导读 摆脱无效忙碌的目标达成法

作为一个医生会说英语是理所当然的吗？答案是"no"。

确实，医生平时要用英语写病历，也要读英文论文，并不是完全没有接触英语的机会。但意外的是，能够说一口流利英语的日本医生似乎很少。这是因为和商务人士相比，医生除了前往海外参加国际学术交流等活动，用英语交流的机会少之又少。前些天，有一位当年我在波士顿留学时结交的朋友也碰见过这样的轶事，他在日本医院问诊，却无法和医生用英语交流，这让他十分头疼。

我去哈佛大学之前，海外经验为零，一直以来过着与英语无交集的生活。但我仍凭借自己的力量实现了海外留学的目标，并掌握了足以应付医学院和波士顿大学商学院课堂讨论的英语能力。

不论我们身在何处，今后我们都将进入同全世界人竞争的时代，所以，英语将成为我们向世界发起挑战的"跨国驾驶许可证"。

英语学习是有秘诀的。在第5章我会以亲身经历为基础，介绍为挑战世界而创建的零基础英语学习法。

成为全球化人才

全球化人才指会两国以上的语言且具备专业技能的人才。这样的人才，无论在世界上的哪个国家或地区都是受欢迎的。那么，为了成为擅长外语且具备专业技能的人，我们应该怎么做呢？

我认为，我们应该一边打磨自己的专业能力，一边学习基础商务英语。要掌握一门专业技能需要大量的时间和经验。但是，对于英语学习，我们通过短短几年的努力就能收获不错的结果。

如今，所有的行业都需要国际化人才，尤其是在医疗、健康护理、计算机技术、高新科技、制造及流通业等领域，需求更是旺盛。

每年都会有很多企业参加双语人才招聘会。当年我在波士顿参加招聘会，招聘会上的企业不仅有外资企业，也有日系的国际大公司，他们对双语人才的需求十分强烈。

要想走上一条理想的职业道路，就要在打磨自己的核心专业能力的同时熟练掌握实用英语，让自己成为国际化人才。

掌握了英语，你的世界会宽广许多。如此渴望开拓未来的你，更应该去认真学习英语，然后站上你挑战世界的起点。

早期就要设定好具体的目标

"在海外留学一两年就可以说一口流利的英语了吧。"

"老老实实学英语也太傻了。"

可能会有人这样想，其实我也考虑过这些。并不是归国侨胞的我，也曾以为只要留学，就能不费吹灰之力学会一口地道的英语。但是，真正留学后却发现，有很多想象不到的困难在等着你。

第5章　不断设立新目标，开拓崭新的未来

首先，我们会根本听不懂别人在问什么。听不懂问题自然就无法回答，我们会产生"为什么会这样"的疑问。其次，现实情况完全没有迹象表明自己正在向理想中的"说一口地道的英语"靠近。转眼之间，留学最初的几个月就过去了。

总而言之，仅靠一两年的留学学会流利的英语是很难的。不过，逐渐习惯了英语环境后，即使不能很流畅地表达，加上一定的肢体语言也能达到沟通的效果，也就掌握了足够生存的英语技能。

但是，即使你的英语表达有错误，当地人和你在大学的朋友往往不会主动帮你指正。这就导致虽然你的英语看起来越来越纯熟，但依旧有很多问题。

在去波士顿留学前，我没有长期待在海外的经历，学生时代也没有海外寄宿的经验。然而，我还是实习医生的时候，早早就设定了去留学的目标。在出发去留学前，我在英语会话学校学习英语，还订阅了一套英文版《新英格兰医学期刊》(*The New England Journal Medicine*)，做着各种留学准备。然而，所有这些准备的回报甚少，如今想来，最初我给自己设定的说一口流利的英语这个目标太过模糊，还是应该设定具体的目标比较好，比如掌握可以

和其他国家的人互相沟通的英语、掌握能在国外生活的英语等。

非地道英语也可以沟通

我第一次感受到英语的重要性，是在 2009 年举办的世界卫生组织失明预防工程亚洲会议，当年我作为日本代表之一列席参加了这次会议。

我所在的顺天堂大学眼科，隶属于世界卫生组织，承担着亚洲失明预防工程的一部分工作。

在泰国呵叻召开的这场会议，聚集了亚洲 21 个国家的代表。我作为日本代表参会，日本医疗领域比较发达，我便背负了向与会的各国代表作报告的重大使命，介绍日本的医疗制度及地域医疗政策并提出倡议。

虽然我用英语演讲很熟练，但在午餐和其他社交的消遣场合，我还是完全听不懂其他人特有的亚洲口音的英语。话虽如此，其他与会者却都开心顺利地互相交流。至今我也没有忘记当时和大家一起吃饭是多么痛苦，甚至因此我在午休的时候没有去吃饭，而是用散步消磨时间。

现在想来，当时听到的亚洲口音英语，其实就是一种国际英语。国际英语不是用来做学问的英语，而是一种沟通工具。它只是为了让你在英语圈中达成"别人懂我的意思"的目的，并非追求地道和原生态的英语。

会议中用的英语并不拘泥于语法和发音，哪怕手脚并用也没关系，只要把想传达的内容表达出来就可以。

即使在哈佛大学的实验室，如今研究员所讲的绝大部分英语也不那么地道。这样的英语与动词的人称时态及名词的单复数形式都无关，而是能让对方听懂的英语。

当今世界，有很多人说的都是不地道的英语。也就是说，其实绝大多数人都和我们差不多。所以，这个世界并不要求我们做到像母语者一样说一口流利的英语。

即使是生活在美国的人，英语水平也有高有低，从吞吞吐吐的西班牙口音到流畅自然的本土英语，你都可能听到。

但是一般来说，只要能传达出自己的意思，就会被认为会说英语了。总之，和街角的洗衣店店员、出租车司机交流是完全没问题的。

对全球化人才来说，能够向不同文化和政治背景的人传达出自己的意思是必需的技能。不要被必须说地道英语的思维定势所束缚，而要转换我们的思维，英语不过是用于传达信息的工具罢了。

具体描述学习英语的目的

在英语学习中，设定目标是最重要的。正如各位读者所想，一定要弄清楚必须做什么，要明确目标，这样才能高效地推进英语学习。

如前文所述，掌握能沟通和能生存的英语，其实目标就是在现实生活中运用英语。

再进一步说，那些很忙的人也有必要思考，自己为什么学英语。是想用英语参与讨论、撰写论文，还是发表演讲？有人为了升职需要考托业，也有人为了环游世界而学英语，最终目标因人而异，所以要学的英语也就不同。

举个例子，对于发表演讲，最重要的技能就是口语，然后是应对提问时的听力，因此没有必要专门训练阅读和写作。当然，综合学习对英语能力的提高确实有好处，但未必是有效率的方法。所以，倒不如专注于听说能力的提高。等具备了发表演讲的口语能力以后，再去完善其他方面也不迟。

这里要注意的一点是，不要把英语学习本身作为目标。**要时刻牢记：让英语成为你获得相应能力的工具**，否则无论你花费多少时间，都不能掌握这门对你而言最实用的语言，所以请千万不要忘记这一点。

总之，具体地描绘出你学习英语的目标吧！去除所有对目标无益的东西，明确要学什么和不学什么，专注于实现目标所需要的技能进行有效学习，这样，即使是忙碌的商务人士也能达成自己的目标。

专注目标，只学必要技能

在明确了英语学习的大目标以后，就要进一步细分小目标。

比如，如果大目标是一年之内大幅提高用英语发表演讲的水平，那么你就要确定半年、三个月、一个月、一周乃至一天内你必须达到怎样的水平，也就是把你的目标细化。

这时候，"专注目标，只学必要的技能"就显得尤为重要。在短期内有效地提高英语能力、达到目标的关键就是省去不必要的学习，集中锻炼必要的能力。

大多数人刚开始学英语的时候总会碰壁。比如，背过好几遍的单词还会忘记；不管怎么学，都只能磕磕巴巴地念句子；怎么练习听力也听不懂别人在讲什么……这些很有可能就是你会碰见的情况。

实际上，如图5-1所示，水平提高的过程不会呈线性上升，而是阶段性上升，等到突破的那一天，你会觉得如醍醐灌顶一般。

关键的一点是，在苦学已久却毫无进展的时候不要灰心丧气。如果无法感受到自己的进步，只是因为你处于平台期罢了，这是厚积薄发的必经过程。

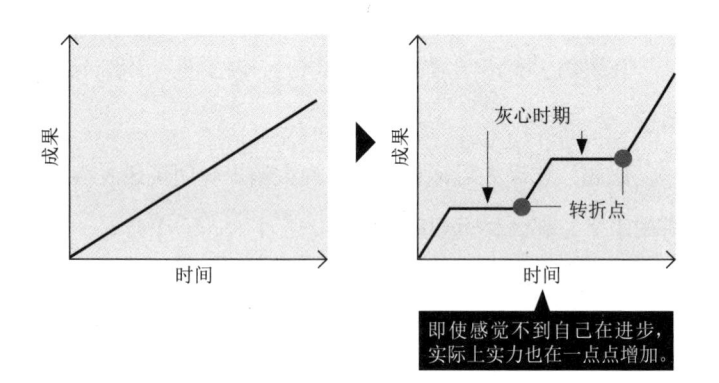

图5-1　水平提高的过程

第 5 章　不断设立新目标，开拓崭新的未来

确保英语学习时间

对于英语学习非常重要的一点，就是确保足够的学习时间。社会人工作忙碌，往往容易拖延，进而因无法按时完成学习目标而感到挫败。因为不管过了多久也没有增加知识量，不知不觉地就会想放弃……最终陷入恶性循环。

为了避免这种现象，首先要将英语学习时间安排进日程；其次要利用碎片时间进行英语听力练习或者单词背诵，最大限度地利用好碎片时间来提高效率。

虽然无论计划再周详也很难做到一切顺利，但是我们要看到自己种种微小的进步。所以，不要一开始就设定大的目标，而是设定一个可达成的目标，然后在可行范围内实现它。

开始学英语的时候，一天只背 10 个单词也没关系。随着一个个小目标的达成，我们会逐渐建立自信。之后随着学习时间的增加，我们的身体自然会跟上节奏。如此，每天工作的同时保持 2 小时的英语学习就并非难事了。

总之，保证学习时间的办法就是体验小小的成功，然后慢慢增加学习时间。这样既能建立自信，也能体验到越

来越多的乐趣。

确保英语学习时间最好的方法就是利用早晨的时间。因为晚上我们或许不知什么时候才结束工作，又或许会被同事、上司等邀约去喝酒。

与其顶着好像被鞭子抽过似的疲惫的大脑去学习，不如早点起床来延长英语学习时间。另外，据说早晨是大脑记忆最清晰的时段，正适合学习英语。

我在去留学之前，就曾见缝插针地利用早上的时间练习英语会话。早上的安排往往变化不大，所以能够长时间保持下去。晚上我们就容易给自己找借口放弃学习，比如要做紧急手术了，等等。所以，干脆就把自己逼到一个不能找借口的境地吧！

利用空闲时间学习英语也很高效，可以进行听力练习和背单词等输入性学习，而在宝贵的早晨应该进行英语会话和讨论的训练。

把托福考试当作节拍器

现在，全球化大潮浩浩汤汤，一些企业将英语作为公司的通用语言，托业考试成绩逐渐成为升职的门槛。但是，托业考试成绩更多地适用于企业求职中，对留学帮助似乎并不大。既然千辛万苦学习英语，我更推荐你考托福，毕竟海外留学和获得研究经费都需要托福成绩。

再进一步说，海外开设 MBA 的顶尖学校，往往要求托福成绩达到 100 分以上（满分 120 分），这可不是在毫无准备之下去了国外立刻就能取得的成绩。考虑留学的各位读者，非常有必要提前以托福考到 100 分为目标来学习英语。

以前的托福考试采用纸质试卷，由听力、语法、阅读理解 3 部分构成。不过，日本在 2006 年开始引进线上考试模式，考查阅读、听力、口语和写作 4 个部分，每个部分满分 30 分，满分总计 120 分。

所以，最大的变化就是口语的考查，采取在电脑上语音输入的方式进行考核。整场托福考试时长约 4 小时，足以让人头昏脑涨、筋疲力尽。

我进入商学院后感受最深刻的就是，托福考试考查的都是实际的大学生活和日常生活中需要的能力，所以，备考托福肯定没坏处。

比如，阅读理解部分要求速读能力，也是为了完成商学院的大量作业而检索资料时必需的能力；运用口语立刻表达自己的想法的能力则会用于研究案例讨论；为了上课的时候听懂老师的讲义并能概括内容，然后根据内容再发表自己的意见，听力技能同样必不可缺。

我认为参加托福考试很有意义，它可以作为衡量我们英语综合能力的一把标尺。

当然，你也要注意到其中是否有和你的需求并不吻合的考查内容。比如，你的目标是用英语交流，那就和托福考查的写作、阅读没有直接关系。所以，在这种情况下，只用听力和口语分数作为评判项目也可以。

我一直把托福考试作为英语学习的节拍器，用来掌握学习的节奏。我先依据海外留学的日程来设定托福的目标分数，然后根据考试中表现出的不足继续学习填补相应的空缺。具体而言，每两个月或者每一个月考一次托福，就能通过成绩直观地把握自己的学习进度。

在体育界，闭门苦练和以各种大赛为目标的训练，这两种方式最终取得的效果大不相同。**在语言学习方面，由最终目标来逆向管理每一步的学习才是捷径。**

战胜遗忘曲线，牢牢记住单词

在英语学习中，不可避免的一项就是背单词，这只能以量取胜。

人类的记忆遵从艾宾浩斯遗忘曲线的规律，如图5-2所示。如果记忆的数量不超过遗忘的数量，你就会越忘越多，想提高基本单词的储备量将遥遥无期。也就是说，除了战胜遗忘曲线记住更多的单词，别无他法。

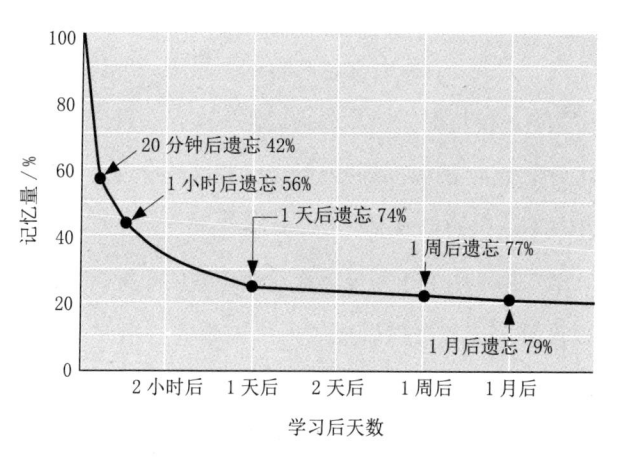

```
记忆量 / %
100
 80
 60  20分钟后遗忘 42%
     1小时后遗忘 56%
 40          1天后遗忘 74%
                    1周后遗忘 77%
 20
             1月后遗忘 79%
  0
   2小时后 1天后 2天后 1周后 1月后
          学习后天数
```

图5-2　艾宾浩斯遗忘曲线

背单词就像锻炼肌肉一样，锻炼一旦中断，别说保持原有的肌肉量了，甚至会变少。请大家把背单词当作锻炼肌肉，变成习惯坚持下去吧。

但事实上，有高效的学习方法，那就是不要在已经背过的单词上浪费时间。对于已经背完的单词本，我们没有必要再背第二遍。

我的单词学习法是这样的。第一周,我会逐页看单词本,找到已经掌握得非常牢固的单词,就是那些不看释义我也能认出的单词,同时在不认识的单词旁边做标记。确认完这一页后,再对那些不认识的单词执行相同流程。然后不断地重复这个过程,直到记住全部的单词。

我不会再去背没有标记的单词。当然,也会存在记住以后又忘掉的情况,但是一旦记住一次,一直记得的可能性就会更高。与其花时间反复记忆背过的单词,不如把时间花在不认识的单词上。

第二周,因为不需要再看已经记住的单词,所以速度会提高许多,我可以较短时间内就看完一遍单词本。不过,虽然每一页我都背过,但几天后果然有一些记忆会变得模糊。但是不用太在意,只要继续坚持下去,记住的单词量总会超过忘记的单词量,那么基础单词的绝对量就会随之提高。

在这里,告诉大家一个我上小学时父亲教我的背单词秘诀。我觉得这个方法很有用,那就是"用眼看、张嘴读、用耳听、动手记",这种全方位刺激大脑的记忆效果要比只用眼看强4倍。

另外还有一个办法,就是随意地阅读英语论文或其他类型的文章。遇到不认识的单词时,不需要逐个去查词典。可能会有些人,一遇到不认识的单词就会烦躁,无法继续读下去。但是,自然地通读,你就会发现,即使有一两个不认识的单词,你也能理解全文的大概意思。因为人是很厉害的,即使一开始不认识某个单词,最终也能猜出它的意思。

在商学院的案例研究课上,我们常常需要精读10页左右的文字材料,一开始我会频繁地遇到不认识的商业用语,但是过了半年左右,我就可以顺利阅读全文了。依靠这种办法,不管什么时候,我都能游刃有余地面对一篇英语文章。实际上,这是最有效的吸收英语单词的方法。

这里我没有使用"背诵"一词,而是冒昧地使用"吸收"。因为这种方法并不是靠背诵来记住新单词,而是通过大量阅读文章,在不知不觉中理解这个词的含义。

在文章中遇到的单词会随着文章的情节脉络一同被我们记住,然后我们就能从文章逻辑中推断出单词和文章的大意。而且,这种随着文章情节推测出来的单词会记得很牢,时间长了也不容易忘记。

我想,你肯定还记得小时候读过的故事书里的一些情节吧，这些关于故事的记忆，总是能被保存得更久。

但是，我们无法给单词本上的单词创造故事情节，因此想长期记忆就不是那么简单的事了。所以，想多记单词还是推荐大家多读文章，利用这些文章去吸收单词吧！

总之，不要在已经记住的单词上浪费时间，大量地接触陌生单词，来战胜遗忘曲线吧！

用英语"网上冲浪"

今后，能直接从海外获取信息的人与不具备这项能力的人之间，会拉开越来越大的差距。时至今日，我们可以从互联网上获取大量的信息。但是，只能用日语搜索与用英语搜索相比，所得的信息量绝对有着云泥之别。

我们在读长篇文章时，会无意识地挑选必要的信息，因为我们认为没必要阅读全文。确实，如果要逐字逐句考究全文意思，时间永远是不够用的。于是不知不觉之间，我们就只挑出有用的句子和词语来读了。

但是，如果阅读长篇英文文章，就没那么简单了。因为我们不能抓住句子里的细节，也不能理解句子之间的联系，所以就需要略读了。

实际上，在互联网上检索信息的时候正是练习略读能力的好机会。几乎没有平时不上网的人吧！但用英语去检索信息的人应该不会很多。如何从海量的英文信息中找到重要的内容呢？这就要求我们在日常生活中养成用英语查询的习惯，锻炼略读能力。

利用 10-K 报告锻炼阅读能力

很多人都希望提高自己的英语阅读速度，若以此为目标，就必须具备英语速读能力，快速找到文章的重点。

如果要特意锻炼英语速读能力，我推荐一个在商务英语的学习中很有效的方法，那就是有效利用英文版的年度财务报告（10-K 报告）。

10-K 报告是美国证券交易委员会要求上市公司必须提交的面向股东所做的业务报告书。10-K 报告中浓缩了企业的最新信息，比读一般的商务书籍能学到更多有帮助的东西。

因为我们没有财务数据、会计专用语等必备知识，所以有的地方确实很难看懂，但 10-K 报告中基本上都是通俗的英语表达，世界上不同种族的股东都能理解。而且只要在网上搜索"公司名称+10-K",就能免费下载PDF版文件,非常方便。

大家一定要挑战一下这个方法:在规定时间内快速浏览一遍公司的理念、所重视的领域、投资方和风险等内容,理解公司的商业模式。如果遇到不认识的单词也不用在意,继续往下读就可以了。

重要的是,一定要在规定时间内快速浏览,然后理解它的商业模式。

我们通过这种练习可以锻炼速读能力,实现速读的同时也理解了内容和句子之间的关联。掌握这个方法需要实际的经验积累,我们可以通过大量阅读在商学院经常被作为课题的10-K报告,来提升速读能力。

对各位忙碌的职场人士来说,比起去阅读艰涩的英语学习书籍,不如就先从阅读与自己行业有关的公司的10-K报告开始!

接下来,我们以亚马逊公司为例,看一下阅读10-K报告的具体方法。

图5-3和图5-4展示的是亚马逊公司的10-K报告,只要上网搜索类似"Amazon 10-K"的关键词就可以找到并下载。

第 5 章 不断设立新目标，开拓崭新的未来

图5-3 亚马逊公司的10-K报告

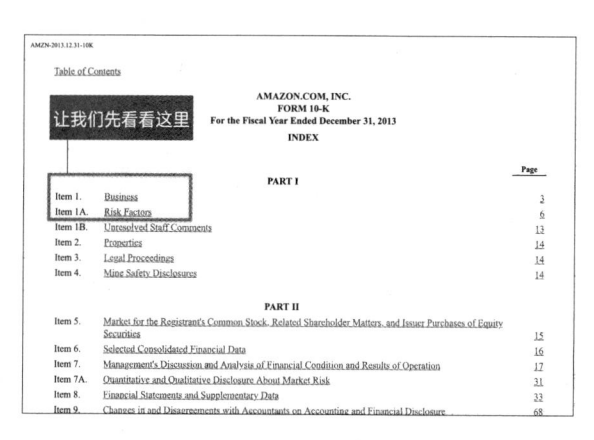

图5-4 亚马逊公司的10-K报告目录

请大家来挑战一下业务（business）和风险因素（risk factors）部分。业务部分介绍公司的商业模式和概要，风

险因素部分讲述了公司直面的问题和挑战，可以帮助我们评估该公司潜在的风险。如果你的速读能力已经达到一定水平，就可以通过确认财务数据、了解资金流动，用英文来分析公司了。

通过阅读 10-K 报告，我们不仅可以锻炼英语阅读所必需的略读能力，还能记住用于商务场合的单词和表达方式。所以，请大家务必尝试一下利用贴合实践的 10-K 报告来提高阅读能力。

利用电影和 TED 锻炼听力

在商业领域，为了实现顺利交涉或发表演讲，听力是必备且非常重要的技能。

锻炼听力有什么方法呢？我比较推荐看英语电影，反复看自己喜欢的、附有英语字幕的电影。这样我们可以记住一些口语表达，然后在日常生活中运用。有人可能会觉得看电影就能学习外语太不可靠了，其实刚开始我对此也是半信半疑。但是，读 MBA 时有一位跟我同级的美国人，去日本工作时就用这个方法学会了日语，而且他现在的日语很流利，还娶了一位日本妻子。

第 5 章　不断设立新目标，开拓崭新的未来

为什么选择看电影？这是因为我们既可以用耳朵听，同时又能用眼睛看字幕和画面，二者结合起来能帮助我们更好地记忆。而且，我尤其推荐大家反复观看。在忘却之前再复习一遍记忆会更牢固，这也是被证实过的，如下图 5-5 所示。

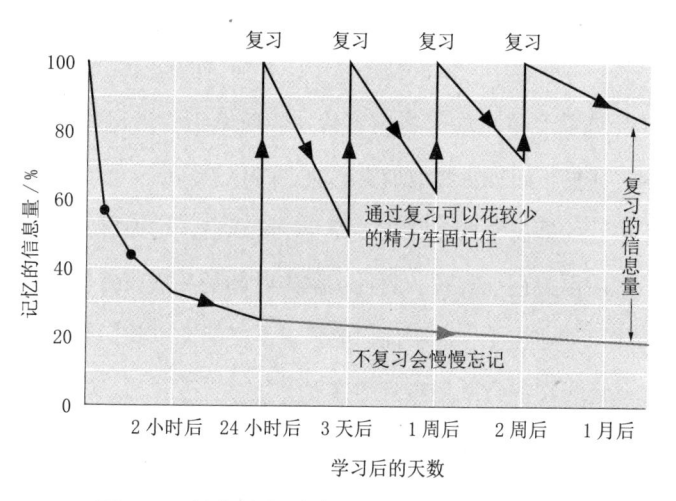

图5-5　艾宾浩斯遗忘曲线和复习之间的关系

通过这样的反复学习，记忆的稳定性能达到一般记忆的 3~4 倍。从遗忘曲线来看，所记住的内容会在 1~2 天后急剧减少，所以在 1~2 天后复习可以更高效地记忆。

因此，从科学角度来讲，1~2 天之内复习的效率最

高。虽然第二天再看和前一天一样的内容,可能会感觉不到进步,但从结果看,反而节约了时间。

如果你没有时间看电影,那么我推荐TED。TED是活跃在商业、艺术、科学等领域第一线的人,就自己的事业或研究内容、思考方法等用英语发表演讲的活动。

TED不仅可以反复看,而且配有英文字幕,对强化听力非常有益。它的好处还在于,在演讲的框架下,演讲者会将重心放在如何将内容传达给听众上。所以作为观众,我们可以视觉性地捕捉到演讲内容的构成分布、演讲者声音的抑扬顿挫和肢体语言等,可以说,这种形式的听力练习更接近于实践。而且,演讲者都是活跃在各领域第一线的专业人士,倾听他们的演讲不仅能激励我们努力工作,还可以提升我们自身的修养。

总之,不单要用耳朵来听,还要用眼睛等全身的感官来学习。

带着输出意识锻炼口语

据说,随着一定程度的输出,口语水平也会进步。但我认为仅靠输出练习并不够,因为并不是掌握了一些较难的口语表达就足够了,其实"能随机应变地回答"才是必备技能。

要提升这项能力,就必须增加输出。如果去海外留学,输出量自然而然就会增加,但是如果一直留在日本就有些困难了,所以很多人去英语口语学校或利用社交软件的英语会话服务来构建输出的场景。

我读过英语口语学校,也使用过社交软件,但事实上我认为商学院的讨论会才是真正能锻炼口语的场合。

所以,我觉得人数较少的且以讨论的形式进行英语会话的环境是最理想的。在这种环境中,你要考虑自己和对方的意见有何差异,要如何说服对方并使其理解自己的观点。如果能用英语将这些全部表达出来,就说明你的口语能力已经达到了商务级别。

另外,提升口语有一个捷径,就是能用英语做完美的自我介绍。

因为自我介绍是众多场合都需要的,不管在学校还是在职场,与人初次见面都要做自我介绍,所以每次都用英语介绍就相当于反复练习了英语。

如果我们能马上用英语说出"我的名字是什么,我在哪里做什么工作,我的兴趣是什么"等内容,大家就会知道这个人会说英语，之后的交谈也会热烈起来。

为了能流畅地用英语做自我介绍，需要自我了解。我推荐大家用英语制作简历，用英语在领英上发表动态和文章，并且定期更新。

一旦这些做法融入了我们的日常生活并成为习惯，我们就自然而然地能提高口语能力，并用英语展示自己。另外，带着输出意识练习口语时，需要组织语言，所以这也是一种写作练习，请务必一试。

制作英文简历

要成为会说英语的人，第一步就是要会用英语介绍自己是谁、做什么工作、兴趣爱好是什么等。为了掌握这项技能，我推荐大家用英文制作简历。

英文简历不仅是申请海外留学的必要材料，还可以用于回顾自身工作经历和其他经历，同时英语也是自我展示的有效工具。我们制作英文简历不仅是在练习写作，也是在为口语做准备。

为了实现用英文自我介绍，需要先自我回顾并用英文整理出来。图5-6是我的英文简历，供大家参考。

第 5 章　不断设立新目标，开拓崭新的未来

```
Takenori Inomata
    Boston, MA 02114
Tel: +1-***-***-****  email: **********@*****.harvard.edu
    Citizenship: Japan

PROFESSIONAL EXPERIENCE
Harvard Medical School, Schepens Eye Research Inst., Mass Eye & Ear   Sep 2012-Oct 2015
Postdoctoral Research Fellow
 • Research mechanisms of regulatory T-cells in corneal transplantation in lab mice for
   possible later application to human patients
 • Coordinate with international team of medical doctors and research scientists
 • Ultimate research goal is to eliminate rejection of corneal transplantation and to elucidate
   the mechanisms of immunity in corneal transplantation
Juntendo University Hospital, Ophthalmology Department          Apr 2008-Oct 2012
Assistant Professor & Physician
 • Taught basic practical methodology and patient care to new doctors, residents, nurses
   and other practitioners
 • As physician, I performed eye surgeries including for cataracts, glaucoma, refractive
   surgery, laser treatment for retinal disease and corneal transplantation
University of Tokyo Hospital, Residency                        Apr 2006-Mar 2008

EDUCATION
MBA, Boston University, Questrom School of Business            Dec 2013-June 2015
Ph.D, Medicine, Juntendo University, School of Medicine        Apr 2008-May 2012
MD, General Medicine, Juntendo University, School of Medicine  Apr 2000-May 2006

CERTIFICATIONS
Certified Specialist Ophthalmology Registration
Occupational physician License Registration
Japanese Medical License Registration

ADDITIONAL EXPERIENCE
Founder, Japan-Global Medical Career Support, Tokyo, Japan           2014-Present
Producer, Independent Film Maker, Tokyo New Cinema, Japan            2013-Present
Organizer, Harvard Lab Tour for Japanese high school students, MA, US   2013, 2014
Manager, Led seminar for young ophthalmologists, Japan               2012-Present
Founded & managed, Study session for graduate students, Japan        2010-2012
Participant, Regional Blindness Prevention by WHO, Thailand          2009
Investigator, Rural Immunization Project, Yunnan province, China     2002
```

图5-6　作者的英文简历

能获得好评的简历有一个要点，就是务必不使用被动语态，而是使用主动语态。这样才会被认为这些履历是你主动做的。

另外,在介绍工作经历时,不要只写部门名称,还要写清楚担任的职务或责任,以及完成的具体事项。而且,应尽量量化自己的工作成果,这样可以增强说服力。除了填写职业经历和学历,也不要忘记你从事过的志愿活动和领导经历,这些也是同等重要的评价内容。

反过来也说明,我们需要积累可排满1~2页简历的经验。如果内容太过零散,不仅简历看起来会不美观,别人对我们的评价也不会高。其实,英文简历也是我们用英文展示自我的诀窍。

如果有想去留学、想跳槽去外资企业等这些目标,就要注意积累能够充分体现在简历上的相关经验。即使当下没有这样的打算,也可以先整理、利用自己的业绩和优点,打造出积极主动的职业生涯。

英语会话中切忌不懂装懂

提高英语口语的过程中切忌不懂装懂,这一点是重中之重。很多日本人都觉得不懂是一件羞耻的事,这一成见导致很多人即使不懂也会装懂。这样,就无法在讨论白热化或者被询问意见时做出回答了。

如果我碰到没有听懂的内容，会马上问对方是什么意思，然后对方通常会换一种表达或用简单的词汇再为我说明一次。

如果没有听懂，可以询问对方能否再说一遍，或者自己先大概猜想一下内容，尽量回答几句，如果搞错了，对方也会再提问一次。但不要什么都不说，否则对方会误认为你已经懂了，这样你的口语和听力能力始终不会进步。

不会英语的日本人最大的问题，不在于英语水平低，而在于不想与他人交流。很多日本人因为觉得自己英语不好，所以不懂的时候也装作听懂了，这样是不会进步的。

希望大家鼓起勇气反复问，展现出积极交流的姿态。

用模板写英文邮件

很多人学习英语的目的是用英文进行商务邮件的往来。

英文邮件的写法和日文邮件的不同，刚开始你可能会感到困惑，但很快就可以掌握了。英文邮件与英语交谈、发表演讲及文章写作不同，不需要专门学习，只要将书上或网上的邮件当作模板使用即可，如图5-7中的示例。

```
Dear Mr. ××,

I hope all is well with you.
Please find attached the file.
```

图5-7 英文邮件模板

在参考模板写邮件的过程中,我们就能慢慢记住格式,哪怕忘了再查一下就行。教科书、参考书和网站上都有英文邮件模板,所以不需要刻意去记。

每个人都能快速掌握英文邮件的写作方法,所以我们可以省下学习写邮件的时间用于口语或听力能力的锻炼。

> **成功人士的目标达成法**
>
> 对话职业网球运动员
> # 添田豪

在 2014 年全美公开赛决赛中,选手锦织圭的访谈成了热门话题。为何输家在赛后说出的话能触动人们的心?因为他在不到一分钟的演讲中运用了能够感动听众的语言。

运动员仅仅依靠过硬的身体素质,无法达到运动生涯的巅峰。这是因为运动员还需要在俯瞰自己的能力和局限的基础上,战略性地思考自己应该如何实现目标,如何获得实现它们的能力。

从精神上讲,运动员必须控制自己的负面情绪,保持心理健康。此外,也要具备海外参赛、与教练互动等人际沟通技巧。只有将所有这些技能发挥到极致的优秀运动员才能称霸榜首。

为此,我们采访了拥有全球竞争力的职业网球选手添田豪。作为在日本长大的顶级网球选手,添田豪参加了 2012 年伦敦奥运会,世界排名第 47 位,还参加了所有的大满贯正赛,是一名实至名归的顶级运动员。我们采访了他的目标管理法、时间管理法和英语学习的技巧，下面我们来一起学习。

问：网球是世界各地一年四季都在进行的一项非常艰苦的运动。您是如何安排自己行程的呢？

答：大满贯赛在澳大利亚、法国、英国和美国都有，我为了参加大满贯，要在全球四处转战。我的具体行程大概会安排到未来三个月，然后再根据排名变更接下来要参加的比赛。

问：2012年，您参加了伦敦奥运会，并获得了世界排名，您是如何设定并实现目标的呢？

答：参加奥运会是我最大的目标。为了获得出场资格，我需要获得相应的排名，为此我设定了一个具体的计划。但是我并不能仅通过积累分数来获得成长，所以我在各个阶段挑战了大型锦标赛，以此来提高水平。在这个过程中，实现提高实力的同时还提升了排名。最终，我参加了伦敦奥运会，并登上世界排名榜的第47位。

问：高中之前您都在日本打球，那么您是如何学习用英语与教练、双打搭档交流，以及进行赛后英语采访的呢？

答：起初我并不怎么会说，但我会积极主动地与外国人搭话，于是英语水平就一点一点地变好，逐渐就会说英语了。在海外比赛，英语是必需的技能，所以我就通过看电影、听音乐或查字典这些方法去学习。最终，耳朵习惯了，慢慢就说得流利了。

第 5 章　不断设立新目标，开拓崭新的未来

在飞机上的时候，我也会通过看书或者看电影来学英语。事实上，为了参加网球比赛，我需要转战各国，时差会让我困倦，能睡一觉也不错，但我还是尽量利用移动过程中的时间学习英语。

添田豪简介

职业男子网球选手，1984 年 9 月 5 日出生于神奈川县藤泽市，伦敦奥运会日本代表团成员，世界最高排名第 47 位，参加了所有的大满贯比赛。

第 6 章

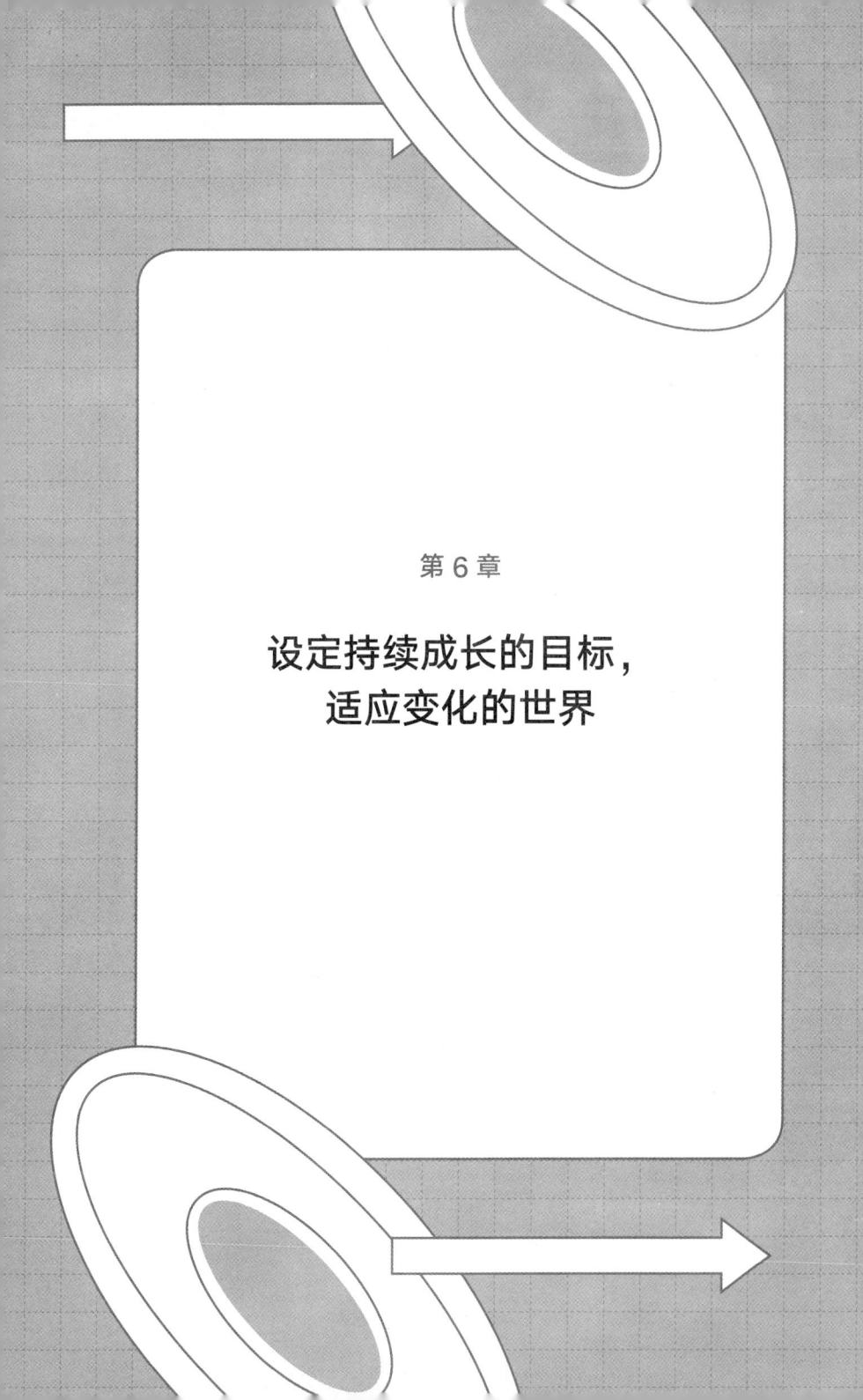

设定持续成长的目标，适应变化的世界

导读　摆脱无效忙碌的目标达成法

我经常被问到这些问题："为什么要读MBA？""为什么要出国留学？"答案就是：为了满足"好奇心"。我是为了满足我的好奇心而学习，并不是为了取得好成绩。

我在哈佛大学医学院和波士顿大学商学院遇到的人都很活跃，都是一些对新事物充满好奇和兴趣的人。只要是看起来很有趣的事情，即使不属于自己钻研的领域，他们也会主动去学习。

遇到感兴趣的事物，我们会自然而然地去吸收相关知识。我喜欢网球，以至于有一段时间我甚至记住了差不多所有排名前100名球员的全名。

好奇心是让学习变得轻松的关键。越优秀的人，越对各种各样的事情充满兴趣。我们要积极感知各种事物，而不要局限于自己的专业，从好奇心开始学习，我们就能吸收更多的知识。

在第6章，我将根据我的实际经验，和大家分享提高学习动力，获得持续成长的方法。

第 6 章　设定持续成长的目标，适应变化的世界

利用成功体验保持动力

用进步激励自己

每个人都会有情绪低沉、没有动力的时候，但保持学习的积极性对于取得优异成绩至关重要。获得诺贝尔奖的科学家和研究人员是如何能一直保持强劲动力、朝着远大目标努力的呢？

他们并非突然发现了能获得诺贝尔奖的重大成果，而是经过了几十年，甚至是用一生的时间不断积累，才最终取得了伟大的成果。

作为研究人员，他们制订研究计划，然后根据假设制

订实验计划，就像解密散乱无序的拼图一样，最终推导出结论。当然，假设也可能出错，出现无法得出结论的情况。但是，他们会继续努力，因为他们所潜心研究的都是自己感兴趣的内容，也发自内心地希望能解开那些谜团。

日常的研究行为可以通过研究结果这种可见形式得到验证，虽然研究结果有时候出错，但一点点积累微小的成果可以帮助研究人员保持动力，引导他们取得最终成功。

所以，为了保持动力，我们需要在感兴趣的、充实的工作中感受自己的进步，不管多么小的进步都值得肯定。**"进步的感受越明显，进步也会越大"，这个规律可以帮助我们提高持久生产力。**

但出人意料的是，这个激励进步的规律鲜为人知。

学者特蕾莎·M. 阿马比尔（Teresa M. Amabile）在《哈佛商业评论》上发表了一篇文章，文章中提到她和同事利用4个月的时间，对在一天结束时工作带来的感受、职场氛围和动机之间的关系进行调查。来自7家公司26个项目组的238人参加了这次调查。调查结果显示，让人感觉愉快的工作环境和积极的同事评价会提高人们的工作效率及业绩。

结果还表明，前一天在工作中的感受会影响第二天的表现。而且，超过 76% 的人都认为，进步的那一刻正是取得好成绩的时候。

除此之外，这项调查还证实了，即使是很小的进步，也能帮助人们保持较高的积极性并取得优秀成绩。

最重要的是踏踏实实积累微小的进步和成功。每一个小小的进步，都会提高我们内在的动力。只要不断取得微小进步，终会获得重大的发现和优异的业绩。

积累成功经验、培养自信心

要实现远大的目标，最重要的是保持自信。相信自己的潜能并持续努力是一种必要的能力。

而自信只能从成功的经历中获得，即使是很小的成功。我的成功经历始于大学时代的社团活动。我从高中时代起就开始打网球，进入大学以后很快就成了正式球员。但是，在医学部五年级学生的日本全国锦标赛决赛中，我却没有战胜一个总是获胜的对手。当时我的懊悔和对队员的歉疚似乎成了心理阴影，至今依然记忆深刻。

从那之后，我便设立了在六年级也就是最后一学年的比赛上"复仇"的目标，并且利用一年的时间反复试错。我怎样才能把球队带进决赛？我能否克服最后阶段的压力、发挥出真正的实力？

一年以后的第二场决赛中，让人大跌眼镜的是，我再次被将了一军，但这次我的确是错了，因为我在反刍过去一年摸索的轨迹，反复做模拟实验。

最终，在六年级的最后一次决赛场上，我全力以赴，夺得了全国冠军。这次成功体验至今都非常深刻，它在我的身体和意识上都深深地烙下了一种信念，那就是"只要尽力而为，梦想和目标终会实现，努力永远不会背叛我们"。

这段成功的经历让我树立了自信，甚至可以说成为我早期决定去哈佛大学留学和去商学院进修的源动力。

当我还是大学生的时候，有后辈问我："参加社团活动的意义是什么？"当时我无法给出明确的回答。但现在我可以自豪地说，那就是可以拥有成功的体验和团队管理的宝贵经历。

通过积累小的成功来获得自信，这是实现目标的第一步。不管是什么事情，让我们先设定一个可能实现的目标并实现它，然后从此开始树立自信吧！

学习也是如此，要带着进步的意识去学习，比如，"我今天做了这么多""我提高了考试分数"，我们要将这些感受转化为我们学习的动力！

第6章 设定持续成长的目标，适应变化的世界

利用先发优势

"至今还没人做过肯定不行啊。"

如果周围有人表达了这样的意见，那么你可以反过来将其视为机会。

如果我们和其他人做一样的事情，就很难占据竞争优势地位。**机会恰恰存在于和别人的不同中。**例如，在商业领域，翻版利用他人的企划明显是行不通的，所以，以挑战别人没有做过的事情为目标才有意义。

每个时代都有很多先驱者在很久之后才被理解。只有接受了前所未有的挑战的人才会受到赞扬。

野茂英雄在挑战美国超级棒球联赛之前还没有先例，所以没有人支持他。但现在，许多棒球运动员都在勇敢挑战联赛。正因为野茂的榜样，才有了后来日本人挑战联赛的成功。

还有网球运动员松冈修造，他的父母是东宝株式会社的创始人，据说如果他选择打职业网球就要与父母断绝关系。然而，正是因为松冈修造在温布尔顿网球赛中取得了第8名、开辟了挑战世界的道路，才有了现在的锦织圭选

手的活跃。

攻读MBA则是我的挑战之一。在日本，很少有医生在大学医院担任医生的同时攻读MBA，为医院管理做出贡献。但我认为，医生也需要掌握管理能力，于是我便决定去做，而不是等其他人去开辟这条道路。

有一些人担心自己的经验不足而怯于挑战，但是越是如此才越有必要去挑战，因为挑战和积累成功经验是最快的成长方式。

不要因为"失败太丢人了"就不敢公开自己的计划，腼腆畏怯或过于在意周围人的眼光会阻碍我们的行动。

想要树立不惧怕失败、勇于面对的勇气，除了反复挑战别无选择。哪怕遭遇挫折也不要害怕，要带着最终会成功的气概从跌倒的地方重新站起来。

挑战会让我们成长，只要我们挑战了曾经不能做的事情，我们就能做到更多的事情。不能因为没有先例就放弃，恰恰相反，要相信正是因为没有先例它才是一次机会，请一定朝着你的目标继续前进。

大胆挑战没有人做的事情，因为第一人可以获得各个方面的优势。第一人可以获得的优势称为先发优势，它会在许多方面为我们创造竞争优势。

第 6 章 设定持续成长的目标，适应变化的世界

例如，假设要在银座开一家连锁咖啡厅。要想比其他的连锁店有竞争优势，首先要找到一处好的位置，这就是"资源抢占"。

大家肯定都有一款自己喜欢使用的音乐软件，即使出现了一款还不错的新软件，你也不会轻易改变习惯，换掉自己熟悉的软件吧？伴随这种变化的成本便称为"转换成本"。先发优势在转换成本上具有绝对的优势。

在医学界，挑战新疗法和开发新药的公司及个人，大多数是行业领导者。在互联网界，孙正义通过在互联网黎明期引进雅虎商业模式垄断了日本的电子商务。先发优势一旦成功，甚至会带来垄断行业的回报。

迎接新挑战需要耗费很多时间和金钱，但是它们会带来很多的好处。

请大家想一下，你周围有没有什么事情是任何人都没有做过的？例如，开会时没有人做会议记录，那么请你挑战一下。通过这样做，你能够"垄断"部门的信息。

尝试没有人踏足过的事情需要勇气，但也正因此才能获得先发优势。希望大家都能大胆无畏地迎接挑战，积极主动地发起挑战。

超越极限，大胆尝试

只有超越极限，才能提高我们能力的上限。同样，只有超越一次极限，才能超越我们给自己设定的极限。接下来，我将聊一聊我在东京大学当实习医生时的经验。

当时我在肝胆脏移植外科，每天早上 6 点开始采血，直到深夜凌晨手术结束。在这个科室工作的 3 个月，我基本上都睡在医院。

现在回头来看，多亏了这几个月的经历，从那之后即便工作多一点，我也不会感觉忙乱。正是肝胆脏移植外科的经验锻炼了我身体的耐力，并提高了我的上限。

一旦消除了心理屏障，我们就不会再因为工作增多而说泄气话。人是很有意思的，往往会拿现在与过去作对比。所以，我们在体验过超越极限的经历以后，就能进一步扩大自己的容量。

学习也是一样，大家一定要体验一次学到极限的经历，挑战一下在困难的情况下坚持学习。这样，原本"我可能不行"的心情也会变成"我总能做成"的积极心态。

我在波士顿留学的 3 年，除了在哈佛大学做研究，还攻读了 MBA。这 3 年的经历让我明白了，不论什么事情，只要我们努力就都可能实现。

在面对困难时，我们依赖的就是能战胜困难、克服困难的心理。

克服困难的经历会成为我们将来直面其他困难时的信心，我们将不会再视其为难题，而会带着战胜一切的信念去努力。

一边想象着成功后的自己，一边学习

学习其实是一项痛苦而单调的任务，尤其是备考资格考试或托福，更需要投入大量的精力，学习的动力可能会逐渐下降。在这种情况下，我们可以一边想象着成功后的自己一边学习。

这种方法是最励志的学习方法。我在备考 MBA 时也是一边学习，一边想象着自己在商学院课堂上参与讨论时骄傲自信的样子。

想象着如此具体、美好的画面，我们就会迸发出力量去实现它。我们本来就是在一点一点地努力向着目标中的自己靠近。如果你还无法想象出自己成功的样子，就尽快去实地参观或者读介绍相关经验的书，以便心中有一个具体形象。

如果让我选，作为行动派我会先去拜访一些人，然后听取他们的意见或者直接去实地参观。这样，我便可以描绘出一个具体的形象，再将现在的自己与之对比，以此来维持动力。

所以，请具体地想象出成功后的自己多么意气风发，以此来提升我们的专注力及动力。当你在备考中愈发辛苦时，就一边想象着成功的自己一边学习吧！

信守与自己的承诺

信守承诺的人，无论是在工作还是在学习上，都能取得丰硕的成果。

这是因为如果一个人擅长日程管理，那他就可以高效学习和工作，从而达成目标，并取得伟大的成就。具体来说，依次是以下4点。

- 做好日程管理。
- 认真工作学习。

第 6 章　设定持续成长的目标，适应变化的世界

- 达成目标。
- 取得伟大成就。

形成这种良性循环的第一步是要有一次成功的体验，即"你一旦完成了计划，就取得了很棒的成果"。第二步是要有主人翁意识，而不是被强迫着学习，这一点也很重要。

谈到学习，可能我们在小学和初中阶段都很不情愿，但是，长大以后，我们就会自己主动想学东西，学习的吸引力也变得完全不同了。

另外，对于某项学习任务，你应该要考虑这项学习任务对你来说意味着什么。面对工作时，你也要考虑如果是你，你会怎么做。带着"主人翁意识"学习和工作，我们会更容易取得成果。

了解不同的评价标准

为了取得丰硕的成果，除了所谓的提高成绩以外，我们还应该了解合作和奉献之类的评价标准。

在日本，人们常以通过与其他人竞争获得的分数来评价一个人，如入学考试、晋升考试等。但是，即便大学入

学考试的评价方式很高效，也只能考查学生考试当天的分数，就像是只能测量到风的瞬时风速。

而在美国，学校采用平均学分绩点的标准来综合衡量学生整学期的表现，考核内容主要是学生的领导能力和通过志愿者活动向社会所做出的贡献。换句话说，这个新标准与竞争无关，是判断人自身的资质是否合格。

今后，随着世界一体化进程的加速，这个标准可能会适用于其他国家，但这个过程的确是费力且耗时的。为此，美国还专门设立了一个拥有相当大权力的部门，即招生办公室，来认定学生的考试资格和判断其是否通过考试。

2013年，我攻读在职MBA时32岁。顾名思义，在职MBA的学生绝大多数是高管，甚至是董事会成员，平均年龄在40岁左右。招生办公室决定是否录取某个人时，除了考查他的英语水平和教育背景，还要看他的管理能力和领导经验。

作为条件之一，学生必须具备10年以上的工作经验以及8年以上的管理经验，且必须有领导经验。而医生这一职业需要在校6年，所以我当时只有七八年的工作经验，这让我遇到了经验不足的问题。

然而，我并没有放弃，而是多次前往招生办公室，反复

第 6 章 设定持续成长的目标，适应变化的世界

申诉在职 MBA 是正在美国留学的我唯一可选择的课程，而且这个学位对我未来的目标来说是不可或缺的，我还汇总提交了相当于 8 年时间的管理经验，最终说服了招生办公室。

幸而，我曾在参天制药赞助下于日本组织了年轻眼科医生学会，还组织过为医院护士举办的学习会。另外，我还参与了世界卫生组织失明预防项目，这段经历也被作为管理和领导的经验得到了认可。由此，我获得了参加考试的资格。

我后来意识到，这些经验不仅是量化的成绩和工作绩效，也是评估领导能力和志愿活动贡献的对象。

人们有时会过于执着眼前的考试成绩和工作业绩，而容易忽略其他的经历。成绩和业绩固然重要，但我们也要偶尔从中脱离出来，关注志愿活动和提升领导力的实践。它们是一种无形资产，会帮助我们创造新的价值。

了解不同的评价标准也有助于我们保持谦虚。我在大学时的一位前辈是医学院排名第一的网球选手，大家从未见过他在医学院的网球比赛中输球，但他一直很谦虚。

因为他的父母经营着一家网球俱乐部，他经常会和职业选手或体育学院的选手打球，所以他知道有很多的球员比他优秀。

我们不仅要关注自己的世界，还要参考其他更高的评价标准，这样，我们就可以做到谦虚且不满足于现状。重要的是，我们要从不同的基准中了解到，世界上有很多人比我们优秀，以此激励自己成为更优秀的人才。

不管取得了多重大的成就，我们都不要骄傲，而要一直保持上进心。以谦虚的姿态朝着更高的目标持续努力，会帮助自己收获更多的回报和更显著的成长。

为组织做贡献

为所在的组织做贡献是我们理所当然的使命。我想回馈曾经帮助我的组织，所以我在哈佛大学做研究期间，一直都没有忘记要为我的母校顺天堂大学和江户川学园取手高中做一些贡献。

为组织做贡献的方式有很多，但最直接的方式是掌握专业技术。如果我们所在的组织是医院或实验室，那掌握最新的手术技术和研究成果便是我们对组织最大的贡献。

在美国，捐款是司空见惯的，这也是为组织做贡献的一种方式。我就读的波士顿大学商学院在 2015 年获得了 50 亿美元的捐款，并以捐赠者奎斯特罗姆（Questrom）的

第6章 设定持续成长的目标，适应变化的世界

名字命名了这笔资金。

工作和金钱并不是唯一的贡献方式，比如，我会将一年中1%的时间贡献给青少年和年轻人。一年有365天，1%大约是3天，我会利用这3天给医学生讲解眼科毕业考试的问题，帮助校友会组织社团活动，或者为高中生举办一场演讲。无论采取哪种方式，最重要的是要设立具体的数值目标，要保持常量的、持续的贡献。

另外，我还在2014年1月成立了支援日本医疗从业人员前往海外留学的一般社团法人机构——日本全球医学职业支持会（Japan Global Medical Career Support，JGMS）。之所以推动JGMS的成立，就是因为我自己作为一名医生切身体验到了留学的艰辛。想要出国留学，具体应该怎么做呢？要花多少钱呢？海外生活到底是怎样的呢？这一系列不明白的事情会让我们遇到很多麻烦，所以我成立了JGMS，组织有留学经验的前辈为医疗人员开办讲座和交流会，同时还会在网站主页上分享留学经验、提供留学相关的情报，与希望出国留学的医疗人员共享实时信息。

我们不能只关注自己的成长，还要有意识地为相关的组织及后辈做贡献，这将成为我们进一步成长的动力。

勿用金钱定义成功

成功者的形象因人而异。然而,每当谈到成功人士时,我们脑海中可能马上会浮现出有钱人,或者是在杂志和电视上露脸的名人。

的确,大部分人认为成功就是金钱、名誉和尊重,并以此定义成功,但是我对此持怀疑态度。经济上的成功和随之而来的地位真的能给我们带来幸福吗?

我认为,成功是"在有限的时间或某一阶段内实现了有意义的事情或者目标"。金钱只不过是一种可以活用的手段。

只追求金钱并不能获得真正意义上的成功,在我看来,学习新事物、感受成长才是成功。

成功确实可以带来高收入,那是因为能感受到成功喜悦的职业通常都有着很高的报酬。但反之,也会有报酬明明很高却感受不到成功的工作。所以,不可以将金钱和名誉带来的幸福,与真正意义上的成功带来的幸福混为一谈。

在设定目标的时候,金钱和名誉只不过是副产品,不要忘记它们并非成功的真正定义。

真正的成功始于内心,如果没有家人和其他爱我们的人的支持是无法获得的,所以我们要时时刻刻对爱我们的人怀揣感恩之心。

即使失败,也要积极思考

每个人都会遭遇挫折,如考试不及格或在工作中犯错。这时候,你可能会失去信心并感到沮丧。

但是也有毫不气馁、重新振作起来打败失败的人。是什么让他们变坚强了呢?答案是,转变思维的力量。转变思维方式的关键词是"韧性"。

当我们产生了"我做不到""我不知道"或者"我不再喜欢它"这类负面情绪的时候,显然是无法把事情做好的。有韧性的人会转换心态,用积极的语言鼓励自己,比如"我相信它会奏效""来挑战吧"和"我们会做好的"。

有韧性的人具备3个特征。

第一个特征是能够平静地接受残酷的现实。有韧性的人不会逃避现实,而是会分析当前的情况,并思考当下可以做什么。这种俯瞰当下的能力,是能通过经常思考如何应对突发事件的习惯培养出来的。比如，在开始工作之前思考"如果重要的工作失败了，并且失去了客户的信任该怎么办"，这样，万一失败也可以迅速应对和挽回。

第二个特征是即使犯了错也不会产生受害者心态，而是从中寻找意义。比如，在考试中犯了一个粗心的错误，有韧性的人不会一味地叹息自己为何犯错，而是会把这次的错误当成一个深刻的教训，告诫自己下次不再犯同样的错误。

第三个特征是能够创造性地思考。比如，在工作中犯了错误并因此被解雇，有韧性的人会将其看成更换工作的好机会。

无论是备考、学习还是工作，每个人都可能失败，而重要的是要有韧性，要把消极思想转化为积极思想。即使犯了一次错误，也不要耿耿于怀、浪费时间，而要从中振作起来。这是我们为了实现多个目标而必须具备的能力。

我在商学院也遇到过一系列挫折，要完成讨论、笔试、演讲等一连串的艰难任务，我也做出过完全错误的陈述。那时，气氛很尴尬，我直冒冷汗，心里想着："糟了……"

我在日本生活时，从未有过这样的经历。然而，在商学院攻读MBA要学习全新的知识，而且要用非母语的英语交流。这对我来说很难，我没办法用英语完全表达清楚我的想法，这让我感受到了人生中最大的挫折。即便如此，我还是设法克服了困难，最终获得了 MBA 学位。

下面来介绍我在商学院应对挫折的方法。

不要烦恼

不要因为一两次的失败而郁郁寡欢。即使在发表演讲时失败，也不会对世界有任何影响。比起因害怕失败一直原地踏步，不如尽可能去挑战新的事物，这样才能收获丰硕的成果。

关注未来而不是过去

我一直都在朝着未来努力，失败和挫折只不过相当于投资亏损。况且即使后悔也无济于事，所以，请把我们的时间投入为了实现目标需要做的事情上去！

从挫折中学习

在商学院，我们被教导要客观地看待所遭遇的挫折，并从中吸取教训。每个人都会有失败，重要的是不要气馁，而是从挫折中汲取教训，思考其他方法和可以改善的地方。

> 成功人士的目标达成法
>
> 对话"梦之家"拉面店经营者
> **西冈津世志**

在美国东海岸的波士顿,拉面热潮达到了顶峰。可你们是否知道,这里出现了一家不同寻常的拉面店?更特别的是,这家店提供了一个可以进行自我头脑风暴的场所。

它就是位于哈佛大学附近波特广场车站的"梦之家"拉面店。每逢星期一和星期四,这里都会举办"梦想实验室"活动。此外,它还提供了分享以及重新确认自己梦想的场所,客人在吃完拉面后,工作人员会鼓励他们向店里的人们介绍自己的梦想。我每周都会去一次,吃一碗拉面,然后分享我的梦想。

为了解采取这种经营模式的原因,我采访了这家店的经营者西冈津世志先生。

问:您为什么取了"梦之家"这样的店名?

答:早在 2006 年,我就在日本京都大学附近开了一家"梦之家"拉面店。取名"梦之家",是因为我希望大学生们能够持续挑战自己的梦想。很多大学生在 21 岁以后会突然失去梦想,

第 6 章 设定持续成长的目标，适应变化的世界

因为他们开始找工作，为了就业，他们会自我分析，思考什么工作最适合自己，而不是去探寻自己真正想做的是什么。他们开始寻找放弃梦想的理由，而不是追寻梦想。我非常希望这个年纪的学生可以继续挑战自己的梦想，于是，我给这家店取名"梦之家"。

问：您的梦想和目标是什么呢？

答：我希望到 2030 年，我可以在全世界所有的国家和地区拥有能够诉说梦想的伙伴。幸福跟梦想和目标的大小无关，而跟实现了多少梦想、取得了多少成就有关。为了持续挑战梦想和目标，我们要做自己喜欢的事情，这也是将人生价值最大化的方式，这样的人生才是最好的人生。为此，我希望在全世界范围内提供更多谈论梦想的场所，认识更多的伙伴。

问：您为什么要入驻美国波士顿呢？

答：因为波士顿聚集了来自全世界的渴望成为管理者的年轻人。我想，如果他们能深刻领悟持续挑战梦想和说出梦想的重要性，世界将会发生改变。事实上，我很早就决定要向海外发展，2009 年我就来过波士顿，当时因为身体不适而不得不中止，但我始终没有放弃这样的想法。

问：您的身体或许是对挑战波士顿这个目标做出了反应。我也是来了波士顿以后，才不再害怕接受挑战。我亲身体验了

这种变化，后期我感觉到哈佛大学和波士顿大学创造的挑战以及创新的门槛变得很低，或者说，我开始觉得它们是理所当然的。那么，在星期一的梦想实验室活动中，通常会做什么？

答：梦想实验室活动是为追求梦想的朋友们提供的一个场所。每个人都有自己实现梦想的方法，但是大家聚集在一起思考梦想其实是一条实现梦想的捷径。具体来说，首先我们会让每人用1分钟左右来说一下来梦想实验室活动的目的。然后，梦想实验室活动的工作人员会选择适合每个人的工作表，让大家用30分钟左右的时间来填写。工作表是一份填写目标和梦想的表格，灵活性很高，包括思考自己的价值、项目的计划、1年的安排计划、1个月的安排计划、1周的行程、项目回顾等。填写完成后，大家开始分享自己的目标和梦想，并相互提问。星期一大家用英语交流，星期四用日语。

问：也就是说，大家通过头脑风暴确定自己的梦想和目标，向店内所有人宣布它，然后大家一起讨论如何实现，并互相提出建议。

答：是的。有些人一开始很难填写工作表或提出想法，针对这些人，我们会在个人的探讨中为其解惑。我希望不管是目标明确的人，还是目标仍旧很模糊的人，都可以共同度过这段有意义的时间。

"梦之家"已经不再是一家单纯的拉面店，而早已被大家认

第 6 章　设定持续成长的目标，适应变化的世界

为是一个帮助人们实现梦想的地方。很多留学生都在那里积极地与大家分享自己的梦想。店里有一面墙上摆满了写着学生们的梦想和目标的相框。我在离开波士顿的时候，也写了自己的梦想和目标放在店里。

通过伙伴之间的相互影响，我们可以提高实现梦想和目标的可能性，比一个人孤军奋战会更容易。所以，你上一次和朋友谈论梦想是什么时候呢？

从这次采访中，我学到了要与他人分享梦想和目标，也要不断地迎接挑战。

西冈津世志简介

1979 年出生于滋贺县近江八幡市。高中毕业后，在东京成为一名艺人，主要活跃在吉本兴业株式会社旗下。2002 年转行到拉面二郎的拉面店工作，2003 年被提拔为西新井大师店店长，用 2 年的时间将其发展为需要排队的人气店。2006 年 10 月独立创业，在京都开创了"梦之家"拉面店。至 2011 年 10 月，在京都、大阪、东京、兵库开创了 6 家门店。2012 年 10 月，在波士顿开了"梦之家"拉面店。2013 年 10 月进入日本远程教育大学（BBT）学习。

后 记

将人生过得丰富充实

我能够留学哈佛大学、攻读 MBA、实现自己的梦想，要感谢顺天堂大学眼科的村上晶教授和哈佛大学的雷萨·达纳（Reza Dana）教授，是他们给了我这样的机会。村上晶教授一直主张要大胆挑战所有想做的事情，毫不夸张地说，我的想法源于村上教授。在此向两位教授表达我深切的谢意。

一直以来，我还有一个目标，就是希望把自己 30 多年的经历和所思所想具体成形，也就是写成一本书，但是很难出版。因为有时候，人们认为出书是一种宣传噱头或者是过度自信的表现。可能还会有人认为我作为一名医生，应该专注于本职工作，把时间花在医疗实践、研究教育上，而不应该花在写书上。

然而，商学院市场营销学的一位教授跟我说过："大的梦想必要承担一些风险。"我便自问自己能否承担相应的风险，认真思考后，我的答案是"可以"。

我为什么要写书呢？因为从做实习医生开始我就读了很多书，通过大量阅读收获了作者长年积累的知识和热情。后来在哈佛大学医学院和波士顿大学商学院，我和来自世界各国的同事们一起学习，并希望为世界做出贡献。在这个过程中，我也迸发出了勇气，决定成为大家的催化剂。

另外，在美国学到了很多东西以后，我自然而然地想把它们传达给自己的同胞，也正是这种学习和交流的精神，促成了我写这本书。

在美国留学期间，我能够兼顾写作、研究和读 MBA，首先要感谢我的父母和妻子，他们在精神和物质上都给了我最无私的支持，我对他们的感激无法用语言表达。

人与人之间的联结能够打开一个新的世界。我能写出这本书，也要感谢朋友柳内启司把我介绍给了日本

后记 将人生过得丰富充实

Discover 21 出版社的千叶正幸先生。

  人与人之间的联结正在进入一个模拟和数字结合的新时代。我们和世界的距离变得更近，通过网络就可以与世界各地的人建立联系，但这也让我们明白了，有一种热情只有通过面对面分享才能感受到。也就是说，网络只是起点和媒介，只有最终同处一片天空下，才能建立起真正的信赖关系。

  我在美国波士顿的经历充实又刺激，给我带来了一生中从未体验过的满足感，也是我生活的建立以及事业的塑造上最重要的时期。

  为了挑战世界并实现更大的目标，我们必须着眼于眼前的短期目标，同时朝着希冀和最终目标一步步前进，不能偏离。我们也要为工作、学习和事业分别设定好明确的目标，然后让每一项努力产生协同效应，最终我们的人生将过得丰富充实。

  最后，希望在大家实现目标、挑战世界的路上，本书能助你一臂之力。

未来，属于终身学习者

我们正在亲历前所未有的变革——互联网改变了信息传递的方式，指数级技术快速发展并颠覆商业世界，人工智能正在侵占越来越多的人类领地。

面对这些变化，我们需要问自己：未来需要什么样的人才？

答案是，成为终身学习者。终身学习意味着具备全面的知识结构、强大的逻辑思考能力和敏锐的感知力。这是一套能够在不断变化中随时重建、更新认知体系的能力。阅读，无疑是帮助我们整合这些能力的最佳途径。

在充满不确定性的时代，答案并不总是简单地出现在书本之中。"读万卷书"不仅要亲自阅读、广泛阅读，也需要我们深入探索好书的内部世界，让知识不再局限于书本之中。

湛庐阅读 App: 与最聪明的人共同进化

我们现在推出全新的湛庐阅读 App，它将成为您在书本之外，践行终身学习的场所。

- 不用考虑"读什么"。这里汇集了湛庐所有纸质书、电子书、有声书和各种阅读服务。
- 可以学习"怎么读"。我们提供包括课程、精读班和讲书在内的全方位阅读解决方案。
- 谁来领读？您能最先了解到作者、译者、专家等大咖的前沿洞见，他们是高质量思想的源泉。
- 与谁共读？您将加入优秀的读者和终身学习者的行列，他们对阅读和学习具有持久的热情和源源不断的动力。

在湛庐阅读 App 首页，编辑为您精选了经典书目和优质音视频内容，每天早、中、晚更新，满足您不间断的阅读需求。

【特别专题】【主题书单】【人物特写】等原创专栏，提供专业、深度的解读和选书参考，回应社会议题，是您了解湛庐近千位重要作者思想的独家渠道。

在每本图书的详情页，您将通过深度导读栏目【专家视点】【深度访谈】和【书评】读懂、读透一本好书。

通过这个不设限的学习平台，您在任何时间、任何地点都能获得有价值的思想，并通过阅读实现终身学习。我们邀您共建一个与最聪明的人共同进化的社区，使其成为先进思想交汇的聚集地，这正是我们的使命和价值所在。

CHEERS

湛庐阅读 App
使用指南

读什么
- 纸质书
- 电子书
- 有声书

怎么读
- 课程
- 精读班
- 讲书
- 测一测
- 参考文献
- 图片资料

与谁共读
- 主题书单
- 特别专题
- 人物特写
- 日更专栏
- 编辑推荐

谁来领读
- 专家视点
- 深度访谈
- 书评
- 精彩视频

HERE COMES EVERYBODY

下载湛庐阅读 App
一站获取阅读服务

ハーバード×MBA×医師　目標を次々に達成する人の最強の勉強法　猪俣武範著

HARVARD X MBA X ISHI MOKUHYOU WO TSUGITSUGI NI TASSEI SURU HITO NO SAIKYOU NO BENKYOUHOU

Copyright © 2016 by Takenori Inomata

Original Japanese edition published by Discover 21, Inc., Tokyo, Japan

Simplified Chinese edition published by arrangement with Discover 21, Inc.

through Chengdu Teenyo Culture Communication Co., Ltd.

All rights reserved.

本书中文简体字版经授权在中华人民共和国境内独家出版发行。未经出版者书面许可，不得以任何方式抄袭、复制或节录本书中的任何部分。

著作权合同登记号：图字：01-2023-2865号

版权所有，侵权必究
本书法律顾问　北京市盈科律师事务所　崔爽律师

图书在版编目（CIP）数据

摆脱无效忙碌的目标达成法 /（日）猪俣武范著；王雪译. -- 北京：中国纺织出版社有限公司，2023.8
ISBN 978-7-5229-0726-0

Ⅰ. ①摆… Ⅱ. ①猪… ②王… Ⅲ. ①学习方法 Ⅳ. ①G442

中国国家版本馆CIP数据核字（2023）第122311号

责任编辑：刘桐妍　责任校对：高　涵　责任印制：储志伟

中国纺织出版社有限公司出版发行
地址：北京市朝阳区百子湾东里A407号楼　邮政编码：100124
销售电话：010—67004422　传真：010—87155801
http://www.c-textilep.com
中国纺织出版社天猫旗舰店
官方微博 http://weibo.com/2119887771
石家庄继文印刷有限公司印刷　各地新华书店经销
2023年8月第1版第1次印刷
开本：880×1230　1/32　印张：6.25
字数：99千字　定价：69.90元

凡购本书，如有缺页、倒页、脱页，由本社图书营销中心调换